U0639932

贾志敏

JIA ZHIMIN

阅读教学经典课例品读

YUEDU JIAOXUE JINGDIAN KELI PINDU

贾志敏 著　李重 品读

（四至六年级）

语文出版社

·北京·

图书在版编目（CIP）数据

贾志敏阅读教学经典课例品读. 四至六年级 / 贾志
敏著；李重品读. -- 北京 : 语文出版社，2017.5（2023.2重印）
（贾志敏教育文集）
ISBN 978-7-5187-0243-5

Ⅰ. ①贾… Ⅱ. ①贾… ②李… Ⅲ. ①阅读课－小学
－教学参考资料 Ⅳ. ①G623.233

中国版本图书馆CIP数据核字(2017)第092582号

责任编辑	过　超	
装帧设计	王菊红　梁　明	
出　　版	语文出版社	
地　　址	北京市东城区朝阳门内南小街51号　　100010	
电子信箱	ywcbsywp@163.com	
排　　版	北京科教创新书刊社有限公司	
印刷装订	保定市正大印刷有限公司	
发　　行	语文出版社　新华书店经销	
规　　格	787mm×1092mm	
开　　本	1／16	
印　　张	15.75	
字　　数	226千字	
版　　次	2017年5月第1版	
印　　次	2023年2月第2次印刷	
印　　数	3,001－8,000	
定　　价	40.00元	

📞 010-65253954（咨询）010-65251033（购书）010-65250075（印装质量）

国家宣传文化发展专项资金项目

代序

语文教师要做好自己该做的事情

吴忠豪

20世纪90年代初，贾志敏老师的作文教学走出教室，走出校园，拍成的教学系列片"贾老师教作文"，在中央及全国多家地方电视台相继播放，贾老师独特、有趣的作文教学，风靡神州大地，受到学生和家长的热捧。通过电视荧屏，"贾老师"走进千家万户，一时间，成为社会广泛关注的传奇式人物。从此，人们熟悉了这位教作文的贾志敏老师。

其实，贾老师不仅作文教学异常出色，他阅读教学同样精彩纷呈。

贾老师的阅读教学简单而实用。他的课堂里没有绚丽的视频，没有动人的乐曲，更没有煽情的话语，就凭一支粉笔、一册教材，通过循循善诱的教学语言，引导学生静静地读书，深入地思考，热烈地讨论，有效地练习，带给学生最朴素、最精彩、最有效的语文课，贾老师上出了语文课的精致和高贵，展现了精湛的教学艺术，创造出语文课堂的真正精彩和恒久魅力。

上海师范大学李重副教授、博士编写的《贾志敏阅读教学经典课例品读（四至六年级）》，从贾老师历年来诸多阅读教学课例中精选出15个经典课例，供老师们研究、探讨，这是一件颇有意义的事情。读了这些经典课例，我不得不为贾老师厚实的语文功底，精湛的教育教学艺术，丰富的教学实践经验以及对语文教育的深刻理解而折服。

贾老师说过一句大实话："我们要做好自己该做的事情。"

哪些事情是我们语文教师该做的呢？简言之，就是四个字——"教书育人"。"教书"是手段，"育人"才是目的。具体来说，是指四个方面：培养学生浓厚的学习兴趣，帮助学生养成良好的学习习惯，教给学生有用的语文知识，提高学生不可或缺的语文素养。

长期以来，中小学语文教学一直处于"高耗低效"的状态。语文教学普遍存在着"两多""两少"的现象：教师讲得多，问得多；学生读得少，背得更少。大部分教师热衷于讲解、分析课文的思想内容，挖掘课文的微言大义，教得异常辛苦；学生疲于应对，晕头转向，学得乏味，而恰恰在语言文字运用的能力上鲜有长进。

贾老师不主张这种"碎片化教学"。他大声疾呼："语文，用不着教得那么复杂，不适宜外加种种抽象的概念与术语。教师的主要精力应该花在指导学生读书、写字、背诵、默写等上面，指导学生在熟读课文上下工夫，帮助学生在记忆常用词语、名言警句上下工夫。这样的语文课，教师才能教得轻松，学生才能学得有效。"

贾老师始终认为，小学语文教学和中学、大学的语文教学不同，主要是为学生打好基础。我们教学生一年，要想到他五年；教学生五年，要想到他五十年，或者说终身。从某种意义上来说，良好习惯的培养，往往比语文知识的传授更为重要。

那么，贾老师在课堂上干了哪些"语文教师应该做的事情"呢？

首先，贾老师非常重视生字、词语的教学。他在钻研教材的时候，先考虑的是如何将课文中的字词教好。词语教学不仅在于教学生读准字音，理解词义，更要让学生学会正确运用。

我们欣赏一下贾老师教学《母亲的鼓励》一课的词语教学片段：

师："好动"的"好"怎么读？怎么讲？

生：读第四声。"好"是"喜欢"的意思。"好动"，就是收不住心，喜欢动。

师：我喜欢看书——

生：我好看书。

师：这孩子喜欢逞能——

生：这孩子好逞能。

师：爸爸好运动——

生：爸爸喜欢运动。

贾老师没有满足于读准多音字"好"的读音，而是举了"好看书、好逞能、好运动"等一连串例子，让学生明白这个多音字"好"可以运用在哪些具体的语言环境之中。

还比如，教"妈妈"这个不能再平常的词。贾老师是这样教的：

师："妈妈"跟"母亲"指的是同一个人。它们之间有区别吗？

生："妈妈"是口头上喊的，"母亲"是书面上用的。

师：对，"母亲"属书面用语，"妈妈"属口头用语。打开书，看看"妈妈"这个词都用在哪些句子里？"母亲"这个词又都出现在哪些地方？

生："妈妈"都出现在人物的语言里；"母亲"都出现在作者陈述的句子中间。

这么简单的一个词语，贾老师关注的是"妈妈"跟"母亲"的区别。通过课文中"妈妈"和"母亲"两个词语的应用，引导学生认识了口头语言和书面语言的细微差别，理解了汉语里近义词的正确运用，真可谓匠心独运。

再看贾老师对"破天荒"一词的教学：

师："破天荒"什么意思？

生：打破了之前的惯例。

师：正确。意思是"从来都没发生过的，如今奇迹般地发生了"。北方人喜欢这么说，而咱们南方人不这么用的。

最后这句"北方人喜欢这么说，而咱们南方人不这么用的"，看似平淡无奇，恰恰看出贾老师备课的精心。贾老师在课堂上不经意间流露出来的东西，往往是他语文功力的体现。

于永正老师看了贾老师的这一堂课以后，说了这么一番话："现在公开课上，像贾老师这样讲解词语的几乎没有了。有人对此不屑一顾，认为词语教学用得着这么费神费心？认为这东西有点'小儿科'，显示不出教师的聪明才智和大家风范——大谬也！我们是教小学语文的，小学语文教学就是要'家常'。能'家常'者，就是大智慧！"

贾老师认为"语文学习的一个重要方面就是将范文的语言'内化'为学生自己的语言"。那么，怎样才能使范文的语言"入乎其内"呢？这就要求学生不光要理解课文内容，而且还能熟读成诵。因此贾老师无论在什么情况下，都是无例外地着力于指导学生朗读课文。

让我们一起来欣赏贾老师《"精彩极了"和"糟糕透了"》这一课指导学生朗读的几个片断：

（师指名读第一小节，要求一字一顿地读。）

师：这位小朋友每个字都读准确了，遗憾的是没有读好，还属于不会读书的，会读书的不会这么读。（师范读）"记得／七八岁的时候，我写了第一首诗。""记得"后面虽然没有逗号，但在语气上要停顿；由于是第一首诗，所以这个"一"字要强调。谁再来读？

（生读，读得声情并茂。）

师：还不鼓掌干什么？他读得太好了，就这么读。（学生练读第一小节。）

贾老师将自己的朗读体验及相关知识手把手地传授给学生。如此做，真可谓煞费苦心。学生不会朗读，老师示范指导，让学生实践练习；学生进步了，老师高度评价，积极鼓励。这样，学生不仅学会了朗读，还体验了成功，感受到了学习过程的美好。于是，达到了"教书育人"的效果。

在指导学生读好课文中最不容易读的三段话之后，贾老师又通过朗读课文中描写人物的对话，指导学生理解写人物语言的四种表现形式。他又请同学分别给这三个"说"后边加上标点。一般老师教到这里就草草结束了。然而，贾老师巧妙地设计了一个教学过程，出示"'亲爱的，我真不懂你是什么意思。'母亲嚷着，'这不是在你的公司里，巴迪还是个孩子，这是他写的第一首诗。他需要鼓励'"这一句子，让学生运用四种对话形式转换朗读：

师：这句话，我们用第一种形式读读。

（生读。）

师：再把它变成第三种形式的句子——

（生接着读。）

师：咱们把它变成第四种形式的句子试试。

（生再读。）

师：你们想听听老师是怎么读的吗？

生：想！

师：这位同学读的时候语气变化很明显，"母亲嚷着"这四个字是作者写的，他马上把语气放平缓了。（教师又示范一遍）谁再来读读？

生："亲爱的，我真不懂你是什么意思？"（把"什么"读重音）

师（打断）：不是强调"什么"，而是要强调"意思"。

（生再读。）

师：这三位同学读得都不错，但离最高境界还有一点距离，于是我又想起了这位同学。（请班上读书最好的同学站起来再次读，读完后）鼓掌

师：（小结）学习课文首先要读通课文。这节课就到这儿，下课！

这个教学片断可圈可点。首先就是教师注重朗读训练，朗读指导贯穿始终，课文读通顺了，读熟练了，接着也就下课了；其次，在朗读训练中巧妙地渗透语文知识教学。这样做，既帮助学生熟读课文，又结合语言环境理解人物对话四种表达方式，一举数得，效率颇高；最后，四种对话形式的转换朗读，让学生通过朗读练习，在不同的语境中运用四种对话形式，巧妙地引导学生将学过的知识转化为技能。

阅读课上，先让学生会读书，熟读书。朗读是语文课上最重要、最有效的教学手段。朗读可以帮助学生积累语言，培养语感，养成规范的言语习惯。这是我们祖先留下的宝贵经验。贾老师对朗读的功能有着深刻的认识，他将"读通课文、读熟课文"作为课文教学的起点和重点。这看似简单，恰恰反映出他对学生学习语文规律的正确认识。

贾老师的阅读教学还有一个鲜明特点，就是指向学习语言文字的运用。他的语文课重点不在分析课文思想内容，而是借助课文创设情景，培养学生表达的本领。这正是贾老师阅读教学之精髓。

请大家认真研读贾老师执教的《母亲的鼓励》这一课的实录。这篇课文写了三次"母亲对孩子的鼓励"。课文内容不难理解。第一课时上，贾老师进行字词教学，指导学生朗读课文。第二课时，他设计了一个表格，先让学生根据课文内容填表，然后说出"幼儿园""小学""初中"三个不同时段母亲对孩子的鼓励，引导学生完整地说一段话。教到这里，课文的主要内容学生理解了，接下去，贾老师怎么教的呢？

师：我们给课文来个"补白"！

拿出笔，听写几句话。只有听清楚，才有可能正确地记录下来——我只读一遍。

快高中毕业了。家长会上，老师很忙，见了这位孩子的母亲说："啊！你来了？你孩子进步可不小哇。他考上一般的大学应该不成问题。不过，想考上

清华、北大这样一流的大学，希望有点渺茫。"

（生听写句子，师检查学生听记的情况。）

师：请同学们接着写，家长会结束以后，母亲在哪里见着了孩子？母亲是怎么鼓励孩子的？

（学生动笔书写，老师来回巡视，见大部分学生写完了，便请两位上台介绍。）

贾老师将课文思想内容的理解和学习语言文字运用不露痕迹地融合在一起，这就是贾老师的过人之处！他在一般人不予注意的地方巧妙地设计出语言训练点：他先是通过填表说话，训练学生运用课文语言完整地说一段话，通过口头表达理解母亲对儿子的鼓励；再依据课文情境设计一个"补白"，让学生通过自己的想象进行书面表达，进一步体会母亲对儿子的殷切期待。学生在表达练习中，不但训练了口头和书面表达能力，又深入体会到母亲的思想感情，并且对课文的表达方法有了感性认识。这样的语文课当然有效，充满着大智慧。

贾老师曾经将学生学习语言的过程概括成"入乎其内，化乎其中，迁移运用"三句话。朗读和背诵，强调的是"入乎其内"；让学生运用课文内容说话，可以说是"化乎其中"，把课文中的语言内化为学生自己的语言；学习语言的最终目的是"迁移运用"，最后设计的补白练习，就是让学生迁移运用课文的语言和表达方法。这堂课的设计完整地体现了贾老师对学生语言学习过程的认识，他这样做，完全符合儿童学习语言规律的。

语文是一门实践性课程，学生的语文能力不是靠教师教会的，而是让学生在亲身的阅读和表达实践中形成并逐步提高的。贾老师的语文课不以教师的"讲"为主，而是鼓励学生多读、多说、多写、多想，

研读贾老师的经典课例，我们当然要研究贾老师的语文教学艺术。他的那些化腐朽为神奇的教学设计及教学方法，已经达到出神入化、炉火纯青的境界；贾老师的课文导入、板书安排、练习设计及至对学生发言的评价和指导，无不令人叹为观止。然而，这毕竟还是在"术"层面上的研究；我们更需要关注的是，贾老师对语文课程性质任务的认识，他的语文教育观，他如何牢牢把握住"做好自己该做的事情"，这才是"道"层面上的问题，这才是贾老师语文教学思想的真谛所在。

贾老师已年及耄耋，又身患重疾，还坚守在小学语文讲台上，他的敬业精

神鼓舞着我们几代小学语文教师。

　　衷心祝愿贾老师学术青春常驻，祝愿他为我国小学语文奉献更多、更精彩的经典课例。

2016 年 11 月 15 日

（作者系上海师范大学小学语文教学研究中心副主任）

四年级

《我躺在波浪上读书》课例品读 *

师：今天，我们继续学习第5课《我躺在波浪上读书》，老师已把课题写在黑板上，会念的请举手。

（众多学生举手。老师先后请了4位学生读。在学生读课题的过程中，老师注重指导，使学生明白读课题时应声音响亮，并能读出感情。）

师：好，我们一起念。预备，读。

（老师提醒学生注意，集体读课题时要声音整齐。学生齐读课题两遍。）

【学习笔记】指导学生读课题是贾老师常用的方法。个别朗读，要求声音响亮，读出感情；集体朗读，要求声音整齐；反对拿腔拿调，拖腔拖调。在学生朗读课题的过程中，贾老师常常悄悄做一件事——诊断学情，从而为后续教学把握分寸、拿捏准确，积极创造条件。

师：人躺在波浪上读书，这违背了我们生活中的常识。躺在波浪上读书，说不定就会沉下去淹死。难怪有人说：世界真奇妙。我最喜欢看一档电视节目，我想有的小朋友，特别是男同学也很喜欢，这档节目是——（师生共同说出答案：《探索发现》）。从这个节目里，你们看到了些什么呀？

（教师的这番启发谈话激起了学生的兴趣。大家争先恐后地回答，说出"外星人""医学神探""动物寻奇""推理探案"等答案。）

师：自然界里的确有许许多多的奥秘需要我们去探索。今天呢，我们就来学这篇课文。下面打开书认真读，大声读。

（学生自由朗读课文。）

师：大家读得都很认真。（教师表扬了两位读得特别认真的学生。）

---

* 本课例选自《贾老师教语文》，上海教育出版社，2000年，第53—57页。

【学习笔记】围绕课题特点（反常、有趣的自然现象），导入学生的类似经验（喜欢的《探索发现》电视节目内容），再回到探索自然界的奥秘这个主题，一放一收，简洁明快，顿时激发起学生的学习兴趣。人们常说"用教材教"，这就是"用教材教"的典型片断。在这个过程中，老师与学生借助教材元素，生成了新的教学内容，真正体现了为学习而教、为学生而教的理念。

师：我也读过了这篇课文。我数了一下，这篇课文共有 12 小节。是不是呢？拿支笔在每小节前做个记号。

（学生为课文标上节号。）

师：是不是有 12 节？

生：是。

【学习笔记】教师两次明知故问，彰显了教学智慧。老师：（1）"我数了一下，这篇课文共有 12 小节"；（2）"是不是有 12 节？"；学生：（1）拿支笔在每小节前做个记号。（2）确认老师说的对。这个学习过程很适合小学低段学生的心理特点；无形中又播下了批判性精神的种子；体现了在"真理"面前师生平等，尊重客观事实的理念；还告诉学生通过行动来确认答案的方法。小小的一个教学片断，可以品味的内容很多，这就是有底蕴的教学。

师：我请同学任选一节来读。要读得响亮。

【学习笔记】让学生从 1-12 节中任选 1 节来读，尊重了学生的个性差异及学习的选择权，有助于学生投入、参与。读得响亮，有助于培养自信心，也有助于振奋精神。

（共有 5 个同学分别读了第 1 节、第 12 节。在学生朗读时，教师指导并评点，随机纠正学生读错的音。）

师：让我们一起把第 1 节来读一读。

（学生齐读第 1 节。）

师：请大家读最后一节，好吗？

（学生齐读第 12 节。）

师：我现在把这个课题中的"5"擦去。现在不是课题了，是一个句子。一句话，应该加上什么？

生：句号。

（教师依学生回答添上句号。）

师：如果小朋友在本子上写着这句话，老师一定会把它当作病句，为什么？因为这是不可能的事，躺在床上看书，这可以；躺在桌子上看书，那也马马虎虎；躺在屋顶上看书，那是个顽皮的孩子；但躺在波浪上读书，那不会淹死吗？教师一定会说这是个病句。可确确实实有这么回事。我们不相信。作者说："你相信吗？"意思就是，你必须相信。但是这句话成立有一个条件，前面加上什么，这句话大家就都可以接受了？

（教师在"我躺在波浪上读书。"前面加上了"＿＿＿＿"。经过学生短暂的思考与交流，明白应加上"在死海里"。紧接着，教师提出把地点放入句子中，进一步进行说话训练。）

【学习笔记】这个教学片断非常精彩，看似平常，实在巧妙，当属于创造性教学范畴。1.巧变标题。"我现在把这个课题中的'5'擦去。现在不是课题了，是一个句子"，这是贾老师创造性转化的结果，妙在其中。由此出发，顺势开启第二步。2.激疑、启思。"如果小朋友在本子上写着这句话，老师一定会把它当作病句，为什么？"这虽然仅是简简单单一句话，可是贾老师创设教学情境的功夫，可谓信手拈来，非常贴近小朋友的接受心理。随后又引导学生想象"躺在床上看书""躺在桌子上看书""躺在屋顶上看书"等画面，最后才勾连出"躺在波浪上读书"，这样的教学语言画面感极强，小学生自然觉得有趣、爱学。3.巧妙设题，自然释疑。由对病句的疑问，转化为一个条件关系的问句，让学生思考、回答。贾老师设计的问题是"改病句"：教师在"我躺在波浪上读书。"前面加上了"_____"，让学生填空。学生思考与交流后回答，"应加上'在死海里'"。这样教学又神奇般地回到了本篇课文内容。随即组织学生展开下一步语文活动，进一步进行说话训练。

师：不是一般的波浪都可以"躺着的"。你可别上当啊！作者可以躺，你也去躺？你不会游泳的话，会淹死。可到了死海，你就不会淹死了。"死海"，一起念。

【学习笔记】"不是一般的波浪都可以'躺着的'。你可别上当啊！……你不会游泳的话，会淹死"，这里引入常识，进行了安全教育，更重要是突出了本篇课文的特殊之处——"可到了死海，你就不会淹死了"。

生：死海。

师：多可怕，去了就要死了。是不是这回事儿？不是的。这个死海没有生命。没有鸟，没有鱼，没有青蛙，也没有水蛇。那么，这是一个怎么样的地方呢？请大家看第2节至第11节。请大家准备一下，说一说"死海"。（教师板书：话说"死海"）说什么呢？只要和死海有关系的，都可以说，包括死海的地理位置、面积，还有远看死海怎么样，近看死海又怎么样，等等。只要是关于死海的都可以说，准备两分钟。（教师边说边板书：地理位置 海拔 水面积 远看 近看……）

（生各自准备。）

师：请大家发言。

（近10个学生回答了问题，涉及有关死海的所有知识点。教师在指导过程中，启发学生思考了"其实"的意思，从而让学生理解了说是"死海"，这不确切，它是个内陆湖。还让学生由对"号称"的理解，了解了为什么把死海称为"世界的肚脐"，通过叫学生指自己的肚脐，使学生在笑声中加深了对课文内容的理解。）

【学习笔记】组织说话练习，"话说'死海'"。练习之前有详细提示，如"请大家看第 2 节至第 11 节"；有明确要求，"只要和死海有关系的，都可以说，包括……"；还设计说话练习的"教学支架"，在黑板上板书"地理位置　海拔　水面积　远看　近看……"。这里贾老师两处板书，非常考究。从实施效果来看，此处的说话练习效果相当棒。可见，只要老师引导到位，一旦学生进入状态，他们的表现常常让人惊讶。教学可挖掘的潜力也是巨大的。在练习过程中，贾老师采用散点式介入方式，启发学生思考"其实""号称""世界的肚脐"等关键点的含义，真正体现教促进学的功效。

启示：在组织语文活动时，切不可突兀地呈现光溜溜的一个活动，要铺垫、引起动机，要给出详细提示或明确要求，提供恰当的帮助，还要留给学生充分的练习时间。

师：关于死海的话题，刚才小朋友说了很多。谁可以不看书自己说一段话，比如，你可以第一说它的位置，第二说它的海拔，第三说它的面积，第四说远看，第五说近看，最后说说它的特征。

（在教师的启发指导下，请上台回答的学生回答比较连贯。教师特别指出死海的面积相当于两个浦东，以加深学生的印象。教师紧扣学生的答案，让学生思考死海的最大特点，即死海创造了什么奇迹。）

【学习笔记】如果说前面是"话说'死海'"语文活动的初级版，这一部分就是语文学习活动的升级版。要求学生不看书，有条理地说出死海的 5 个方面特征。5 个方面的关键点，前面写了板书，这里又具体说明，起到了强化作用。从效果来看，"在教师的启发指导下，请上台回答的学生回答得比较连贯"，对小学低年级的孩子来说，这个效果非常理想。上述教学片断充分体现了"从教课文到教语文"的理念，借助课文材料，教会学生有顺序、有条理地说话的技能，学生可谓终身受益。

　　师：翻到第 40 页，划出描写死海最大特点的句子。

　　（学生用直线在书本中划出有关句子，然后作交流。）

　　师："人躺在水面上可以读书、喝咖啡而不会沉下去"为什么用了个"而"？

　　生：因为在一般情况下，人躺在水面上都会沉下去，但是在死海里是不会的。

　　师：对了，这里起了转折的作用。再读一遍。

　　（生读写死海特点的句子。）

　　（教师再次进行句式训练。第一步，让学生先说死海的特点，再说产生这种奇迹的原因；第二步则调换两者的顺序。）

　　【学习笔记】采用由面到点的思路，层层深入，从"话说'死海'"面上的了解到描写死海最大特点的句子，一下子进入到文本的微观层面。在教这个句子的时候，显示了"教语文"的自觉意识。紧扣这个句子，组织学生做句式训练，并且落在因果关系层面，由语言训练自然延伸到学生的思维训练。这正是贾老师高明的地方。

　　师：那到底是不是这么回事呢？我们来看一个实验。这里有两个量杯，一个放盐，一个不放盐。

　　（教师用教棒沾了两个杯子里的水，请一个学生上台尝一下证实。接着将选出的球放在天平秤上称，显示两球重量相等。然后，将两球分别放入两个量杯。实验结果是，放入清水中的球迅速沉下去，而放入盐水中的球很快浮出水面。为了显示实验的准确性，教师将两球调换分别投入量杯，第二次实验结果与第一次相同。）

师：说明什么原因？

生：含盐量高浮力大。

师：我们再来看看写作者躺在波浪上读书的句子。

师：大家来看这张照片。（教师出示投影。请学生再读一遍描写作者躺在波浪上读书的句子，为这幅图配音。）

（一个学生朗读，教师指点画面。）

【学习笔记】贾老师借助教具，做了一个小实验，还出示了一张照片，最终仍然回到了文本层面，主次关系很明确。就这个小实验本身来说，属于物理小实验，并不属于语文范畴，可是从小学生理解文本内容的需要出发，引入这个小实验，增强他们的感性经验，的确有助于将文本的"能指""所指"与小学生的阅读经验融通、转化。贾老师的语文教学一直力图将语言文字落实到孩子们的经验世界中、心灵世界中，而不是玩空洞的文字符号游戏，这也许是教得扎实的原因之一。

师：因此，课文最后一节，作者深情地说——打开书本，预备读。

（学生齐读第12节。）

师：尽管作者在死海里喝了很咸很苦涩的海水，不好受，但是他仍说："能在死海里游泳，确是一件难得的快事！"可惜我们都没有去过死海。也许今后你们有机会到死海看一看，游游泳，也像他一样躺在海面上读书，让人拍一张值得永久纪念的照片。下课。

研读感悟

1.从课文标题来看《我躺在波浪上读书》，学生会觉得不可思议，因为这违背生活经验，违背常识。因此如何拉近学生的生活经验与课文理解的距离，就成为教好这一篇课文不得不考虑的问题。贾老师与往常一样从指导朗读课文标题入手，然后立即引入电视节目《探索发现》话题，引导学生从"世界真奇妙"这个角度来理解这篇课文内容，从而巧妙地化解了学生初步读课文时产生的认知冲突。在这个环节的教学过程中，贾老师很好地起到了"中介与转化"的作用，充分发挥了"教"的价值，从教学结构来看，从"课文文本—老师的教—学生经验"发展到"课文文本—学生经验"。这个矛盾化解之后，贾老师立即引着学生进入下面一个环节的教学，显得干脆、利索，不拖沓。

2.在学生任选段落朗读课文之后，贾老师创造性地将课文标题转化为说话练习，组织学生"话说'死海'"。这个语文活动的实质是什么呢？在学生朗读课文基础之上，自己再快速默读，然后根据自己的理解、用自己的话来说说课文的主要意思，也就是让学生将作者的本文语言转化为自己的口头语言。客观上说，这个任务对小学低年级小朋友来说，显然是有难度的。贾老师充分估计了学情，于是在板书"话说'死海'"之后，又板书"地理位置、海拔、水面积、远看、近看……"，还一边板书，一边给出详细提示，教给学生整理思路的方法。从某种意义上说，这其实是帮助学生搭建一个"话说'死海'"的思维框架，学生在练习过程中依据这个思维框架，训练了口语表达能力。紧接着，又组织学生不看书自己来说，这明显上升了一个台阶，兼顾了优秀学生的学习需要。最后让学生围绕描写死海最有特色的一个句子来说。教学结构显得很有层次感。这个教学片断将创造性的"教"与创造性的"学"衔接得天衣无缝，了无痕迹，展示了高超的教学艺术。

3.课文教学前后都体现了浓郁的人文精神，对学生健康人格发展很有益处。譬如，教学开头提出的《探索发现》电视节目话题，引出"世界真奇妙"，有助于激发学生的好奇心与探索精神。后面又呈现一个物理小实验，也传递了科学精神。教学过程中对学生生活经验的尊重，对常识的尊重，也是一种科学态度的表达。最后畅想"也许今后你们有机会到死海看一看，游游泳，也像他一样躺在海面上读书"，既切题，又符合孩子们的心理需要，有助于激发孩子们去大胆想象美好的未来。

附　课文原文

我躺在波浪上读书 *

你相信吗？不久前，我曾躺在波浪上读书——直接躺在起伏荡漾的波浪上，从容地读一本杂志……

九月间，我访问亚洲西部的约旦王国。到达约旦首都安曼的第二天，主人就陪同我们去游览著名的死海。

从安曼到死海，只有一个小时的路程，但却要下降1300多米！因为安曼是一座平均海拔近千米的山城，而死海则低于海平面394米，是世界陆地最低的地方，号称"世界的肚脐"。我们的汽车驶离安曼城郊，便沿着一条倾斜的公路急速下降，以至我的耳膜都感到了压力，很像飞机降落时的那种滋味。

四十几分钟后，地势渐趋平缓，约旦河出现在窗外。河床很宽，但只有一股小溪般的细流在里面蹦跳。汽车开到约旦河终端戛然停住：死海到了！

---

* 本文选自沪教版四年级上册。

我们跳下车子，走进一个海滨浴场。站在高高的水泥平台上放眼望去，只见辽阔的海面上细波如鳞，那灰色的海水远接苍茫的天际。水面上没有帆影，没有海鸥，也没有一只其他的水鸟。这天游人不多，他们都坐在岸边遮阳伞的阴影里，观赏着这沉默的海。

我们逐级而下，也来到岸边。我发现脚下的海水在轻轻涌动，泛出一种奇特的光晕，五颜六色，像彩虹似地变幻。我蹲下去，在水底捞了一把，捞上来的细沙中，混着些白色透明的小颗粒。主人告诉我：这是盐的结晶，而那变幻多彩的光晕正是这些结晶体反射出来的。死海其实是个内陆湖，总面积 1200 平方公里；水中含盐量特别高，达 33％，竟高于一般海水的 9 倍！任何生物都不能在这样的水中生存，"死海"因此得名。

"不过，"他又说，"正因为水中含盐量高，死海才能创造一种奇迹：人躺在水面上可以读书、喝咖啡，而不会沉下去！"

大家的兴趣一下子被激发起来，都想下水试一试。换好游泳裤后，我第一个跳下水去。

死海的水是温润的，蹚水时似有一股阻力，举步吃力。我蹚到水深及胸时，便仰身躺了下去——奇迹果然出现了！温润的水把我整个身体托浮起来，像托浮着一片树叶。我只要保持着身体的平衡，就像躺在床上那样舒服自在。细浪在我的耳畔絮语，微风拂面而过，明晃晃的阳光从蓝得透明的晴空洒下来……我几乎想在这温润的、摇晃的"床"上睡一觉了！

"给你！"主人蹚水过来，把一本杂志递给我，"看书吧，我给你拍张照片。"

我翻开那本杂志，装出读书的样子，闪光灯倏地一亮，主人为我拍下了一张值得永久保存的照片。我高兴极了，想站起来也给他拍一张。不料，收腿时却遇到了强劲的浮力，收不回来，身体一歪，一股苦涩的咸水立即涌入口中，眼睛也涩得生疼。我只好闭上眼睛，扑通扑通地打水上岸。站在岸上的那位负责接待我们的约旦人，抄起不知什么人放在地上的半瓶矿泉水，就往我头上浇，又塞给我一条毛巾让我擦脸。四周的游人哈哈大笑……

　　"好厉害的死海呀！"我的脸上，尤其是眼睛里火辣辣的。我呼哧呼哧地喘着气说，"不过，能在死海里游泳，的确是一件难得的快事！"

《九寨沟》课例品读 *

第一课时

一、释题

1. 教师出示简笔画：中华人民共和国行政图（其中四川省予以特别标出）。

2. 出示放大了的四川省行政图，指出：

在四川省北部南坪、平武、松潘三县交界的万山丛中，有几条神奇的山沟。因为四周散布着九个藏族村寨，所以人们称它九寨沟。

从南坪向西行 40 公里，就来到九寨沟。一进入景区，就似乎到了一个童话世界。

九寨沟充分展示了大自然的神奇以及人和动物的和睦相处，因此被人们誉为人间仙境，吸引了来自世界各国、全国各地的游客。

3. 今天，我们就要学习这篇课文《九寨沟》。随着作者的生动介绍，让我们去领略一下大自然的风光、九寨沟的美景。

4. 老师范读课文。

二、教学生生字新词

寨、嵌、窥、蹿、嫩、憨

万山丛中、清澈见底、色彩斑斓、五彩缤纷

高低错落、蔚为壮观、憨态可掬、若无其事

★　本课例选自《中国小学语文教学论坛》，2005 年第 3 期，第 40 页。

三、自由读课文，给课文分节

四、选读课文，教师予以评点指导

第二课时

一、导入

九寨沟以它神奇的自然风光吸引了广大的游客，九寨沟以它独特的人和动物的和睦相处倾倒了所有的人，因此，每到旅游旺季，人们便络绎不绝地来到九寨沟观光、旅游。一个小朋友从九寨沟回来之后，写下了下面这一篇游记。

1. 投影展示学生的习作。

九寨沟

今年暑假，爸爸说要带我去四川自然风景区九寨沟玩，我听了一蹦三尺，兴奋极了，一连好几个晚上都睡不着觉。

我们一家子从北京出发。在火车站登上列车，一路来到成都。在成都住了一个晚上，第二天一早我们又换乘汽车，去九寨沟。汽车在山路上盘旋，一会儿上坡，一会儿下山，经过好几个小时的旅程，终于到了九寨沟。

啊！九寨沟真美啊！山连着山，水连着水，游客很多，有大人，还有小孩，有国内的游客，还有国外来的宾客。大家都欣赏着美景，有说有笑的，给我印象最深的是五彩池。池里的水颜色不一，有红的，有绿的，好看极了，我们还看到了不少动物，真令人流连忘返啊！

这次旅游让我打开眼界。啊，九寨沟，明年我一定还会来的。

2. 师生讨论这一篇游记的不足之处。

经过集体讨论，大家认为这一篇游记有如下几个方面的不足：

（1）九寨沟的位置交代不清。

（2）九寨沟的美景没写。

（3）九寨沟的动物也没描述。

（4）与九寨沟无关的话倒写了不少。

【学习笔记】正式学习课文之前，师生一起研读一个小朋友写的游记《九寨沟》，讨论这一篇游记存在的不足之处，目的是为了引导学生学会发现课文的优点；也有利于拉近课文与孩子们的距离，增强孩子们学习的自觉性、目的性，体现了教为学服务、尊重学生主体的理念。

二、学习课文

师：课文是怎么写的？

1.学习第一、二节。

教师引导学生读，指导学生背诵。

2.写了些什么？用直线画下来。

3.怎么写的？用曲线画下来。

4.学习第四节。

用了四个"也许"，说明了什么？

5.学习第五节。

雪峰插云，古木参天，平湖飞瀑，异兽珍禽……九寨沟真是个充满诗情画意的人间仙境啊！

6.总结全文。

三、读写练习

片段一：听记、想象、复述练习

师：九寨沟以它神奇的自然风光、人和动物的和睦相处吸引了众多游客，明年，咱们一块"相约九寨沟"吧！

师：下面我说一段话，你们要认真听，我说两遍，随后选一位同学就把这段话说给大家听：

在四川北部南坪、平武、松潘三县交界的万山丛中，有几条神奇的山沟。因为周围散布着九个藏族村寨，所以人们称它九寨沟。

（有同学举手。）

我才说了一遍，就有会说的吗？你来说说看。

（师指名一生答。）

生：在我国四川省南坪、平武、松潘三县交界的地方，有几条神奇的山沟。因为周围散布着九个藏族村寨，所以人们称它九寨沟。（个别地方与老师说的有出入）

师：真了不起，老师才说了一遍，你就基本上能说出来了。我再说第二遍，请大家听仔细。（老师一边说，一边使用地图教具，演示九寨沟的具体位置。）

在四川北部南坪、平武、松潘三县交界的万山丛中，有几条神奇的山沟。因为周围散布着九个藏族村寨，所以人们称它九寨沟。

从南坪西行40公里，就来到九寨沟。一进入景区，就像到了一个童话世界。

师：好了，谁能来？（多数学生沉默）这可要记忆力特别强、智商特别高才行呢！行吗？老师最喜欢讲错的孩子了！（众笑）

【学习笔记】上面短短的一个教学片断，蕴藏了不少教学奥秘。1.第一句话巧妙导入，培养兴趣。通过创设情境，让学生相信仿佛真的有那么一回事，明年"咱们一块'相约九寨沟'"，不仅吊起了学生的胃口，而且诱导学生将注意力聚焦在"神奇的九寨沟"上。2.第二句话言简意赅，布置任务，展开活动。"我"说，"你"听；老师说一段话说两遍，学生一边认真听，一边用心记忆；最后派出任务，检测效果，让学生把这段话说给大家听。这样的教学指导，功力不浅。3.老师两次朗读，层次分明，引导到位。老师第一次读，让学生初步感受，初步练习记忆；老师第二次读，借助教具演示九寨沟的具体位置，核心目的是为了锻炼学生的形象思维能力。4.教学评价语言到位，话语生动、幽默，留心适时强化，如"真了不起，老师才说了一遍，你就基本上能说出来了""这可要记忆力特别强、智商特别高才行呢！""老师最喜欢讲错的孩子了！"。另外，第一遍读有"要认真听"，第二遍读"请大家听仔细"，适时强化、提醒，对小学生来说，很有必要。5.事实证明，实施效果非常好，如老师才读一遍，就有同学基本上能说出来，"真了不起"；读完第二遍，学生先是"多数沉默"，随后"众笑"，说明教学氛围紧张且愉快，照顾到了学生的情绪情感需要。

（在老师鼓励下，一些学生开始举手了，老师指名学生回答。）

生：在四川北部……（文略，该生在教师两次轻声提醒下说了下来。最后将"称它九寨沟"误为"把它叫做九寨沟"。）

师：哎呀，真好真好，鼓掌鼓掌！（众给掌声）你就是说错了，老师也会给你鼓掌！（众笑）

这位小朋友说得不错，但还不够连贯，如果再连贯一些，那掌声就更热烈了。谁还能说？

【学习笔记】1.老师的语感要敏锐。学生在说的过程中，老师的注意力要高度集中，不仅注意学生的语调语气，还要注意将学生说的每句话、每个词与课文表达一一对照，这样才能对学生的学习过程做精准的指导。2.贾老师的教学激励艺术高超。在练习的起始环节，就创造条件来激励参与练习的学生，表面上是在激励"这一个学生"，内在是激励现场的"这一群学生"。鼓励学生参与，不断给学生鼓劲、加油，"你就是说错了，老师也会给你鼓掌"，这样才能调动广大学生持续参与的动力。更关键的是，贾老师话锋一转，由正向激励转到逆向激励，"这位小朋友说得不错，但还不够连贯"，客观指出前一位同学的不足之处，激励后面的同学有所超越，"如果再连贯一些，那掌声就更热烈了"。3."该生在教师两次轻声提醒下说了下来"，"两次轻声提醒"足见老师的用心，也折射出以学生为本的理念。

（一生举手，教师为之起头，该生却半晌未开口。）

师：啊，赖我！你自己来。（众笑）

【学习笔记】贾老师与学生的互动显得生动有趣，饱含育人价值。另外贾老师的教学语言亲切、自然、诙谐、幽默，充满了"教"的向上力量，又如羚羊挂角，了无痕迹。如："啊，赖我！你自己来""哎呀，真好真好，鼓掌鼓掌！"

生：在四川北部南坪……（文略，该生在叙述时把"村寨"误为"山寨"，且中间几次断句。）

师：很遗憾，还是不够连贯。

（此时学生纷纷举手，跃跃欲试。）

师：（师走到一举手学生身边）我给你个机会，你只说开头一句，如果说不好，就请另外的同学，好吗？

生：在我国四川北部……（该生说得语速较快。）

师：（打断学生）停，这个小朋友肯定行，明显比刚才两位说得好。请继续。

生：有几条神奇的山沟……（被鼓励后很有信心，很谨慎、很认真地背诵，只是"周围散布着九个藏族村寨"一句丢掉"藏族"一词，贾老师提醒：什么村寨？随即改正。）

师：好的，和刚才两位同学比，明显是两个档次！（众笑）还要讲吗？

生：在四川北部……（生边说，师边做各种动作帮助提示。）就像到了一个童话世界。（基本正确，众掌声。）

师：讲得好，讲得好！（对大家）不过刚才我只是说"她讲得好"，并没说"很好"。（众笑）很好的有吗？（有生举手）你行吗？试试看。

（生讲，个别地方丢词。）

师：你很努力，但你对自己主观的评价和实际效果还差一段距离。（众笑）你很自信，这很好，但两个地方还有结巴。谁还能来？（生踊跃举手）

生：在四川北部南坪、平武、松潘……（速度有些快，有断句。）

师：停，你可以说得慢点（师示范朗读），边说边思考，但不能断句，知道吗？再来。

生：在四川北部……

（生说以上内容时，师不断用"好"和竖大拇指进行鼓励，该生终于完整复述出来。众掌声。）

师：很好！让我们打开书，齐读课文的第1、2自然段。（此时学生已会背诵了，自然读得正确、流利。）

【学习笔记】这个教学片断反映了贾老师的教学艺术特色，具体如下：

1.教学语言亲切、从容，体现对孩子的尊重与关爱。如"我给你个机会，你只说开头一句，如果说不好，就请另外的同学，好吗？"句末"好吗"，让人回味。

2.教学激励藏而不露，自然而然，效果显著。（1）竞争激励。针对学生纷纷举手、跃跃欲试的教学情境，贾老师走到一位举手的学生身边，说："我给你个机会，你只说开头一句，如果说不好，就请另外的同学"，这显示了教学竞争的激励策略；类似的还有，"这个小朋友肯定行，明显比刚才两位说得好""你很努力，但你对自己主观的评价和实际效果还差一段距离"。（2）强化激励。"停，这个小朋友肯定行，明显比刚才两位说得好。请继续。"这是对学生语文练习的及时、积极强化，给予学生莫大的鼓励，让他更加自信。这是语文练习过程中的强化，最后还有语文练习结束后的强化，如"和刚才两位同学比，明显是两个档次"。采用强化的手段是评价性语言。评价性语言运用巧妙，往往催生教学智慧。（3）动作激励。如老师"不断用'好'和竖大拇指进行鼓励"，还有"师边做各种动作帮助提示"，此处做各种动作，不仅是帮助提示，还有教学激励功能。（4）反馈激励。在学生练习复述的过程中，贾老师不断提供反馈信息，也起到很好的激励效果。

3. 教有效促进学。在大讲以"学"为中心的时代，强调"教"的积极作用，难能可贵。贾老师的课堂，"教"的意图非常明显，"教"的控制能力很强，"教"的方式灵活多变，此处如学生一边复述，老师一边做各种动作帮助提示；另外还有老师的打断、纠正、鼓励、提示、启发、示范等等。总之，贾老师在课堂上难得"休闲"，总是跑前跑后，忙上忙下，努力为每一位学生的语文学习服务，从教学实践层面有效地实现了以教促学的功能。如学生努力尝试，不断练习，逐步由说不好，到越说越好，直到把两段课文背诵下来，从而锻炼了语感，强化了积累。

4. 以语文的方式教语文。贾老师与学生互动的主要媒介是汉语文，师生关注的焦点是言语活动（此处是准确复述，勾连阅读、听说活动），老师用自己的语感、语识来教会学生积累语文知识，培养语文能力。

片断二：妙笔生"画"，巧解词义

师：课文的哪一段写的是九寨沟的景物？

生：第3自然段。

师：请你默读这一段，看看写了哪些景物？

（生默读后回答。）

生：写了雪峰、湖泊、森林、瀑布。

师：你们都找到了吗？我们来读一读描写雪峰的句子。

（生齐读，师指导。）

（指名两人分别读。）

【学习笔记】这个教学片断虽然很短，可是平淡中见劲道，不仅非常圆满地完成了这个教学点的目标，而且显示了教与学的良性互动。下面我

四年级

们尝试将这个教学点打开。该教学过程大致可切分为3个师生互动，具体如下：老师问（1）：哪一段写的是九寨沟景物？学生思考、判断、回答：第3自然段。老师问（2）：请默读这一段，看看写了哪些景物？学生思考、分析、回答：写了雪峰、湖泊、森林、瀑布。老师问（3）：你们都找到了吗？我们来读一读描写雪峰的句子。学生齐读，又指名两人分别读。老师引导学生聚焦九寨沟的景物描写，先后让学生分辨判断、思考分析、朗读品味，既面向全体学生，又指向学生个体，学生体验了整个语文学习过程。可谓简简单单教语文。

　　师：（边在黑板上画简笔画——雪峰，边问）哪位小朋友能添上几朵白云？

　　（指名学生上台画，学生将白云画在半山腰。）

　　师：为什么不把云画在天上？

　　生：因为书上说了，"一座座雪峰插入云霄"，说明雪峰比云还高，所以我画在这儿了。

　　师：很好，再读读这句。

　　……

　　师：读描写森林一句。

　　（生读，师迅速勾画简笔画——几棵大树。）

　　师：课文中说九寨沟的原始森林"古木参天"，你能在这幅画中添加什么，表示"古木参天"吗？

　　生：把云画在树干上。

　　师：那太夸张了。

　　生：在树下添上……

　　师：对呀，添上什么？

　　生：添上几只小鸟。（众笑）

　　生：不对，添上几个人！

师：你来试试看。

（该生到台前在大树下画了几个小人。）

师：你为什么这样画？

生：人画得小，树就显得高了。

师：人这么小，树这么高，往上看，树木高耸在天空中，这叫"古木参天"。

【学习笔记】采用点面结合的教学思路，步步深入，节节推进。前面的描写段落，侧重于面，这一部分着力在点即落在对雪峰、森林的描写上。教学方法由让学生判断、分析、朗读，转化为组织他们想象、对话与作简笔画。教学内容的确定及教学方法的选择，都非常适合小学生的思维特点、个性差异，因此教学氛围很活泼，教学效果显著，学生很轻松地体会了"一座座雪峰插入云霄""古木参天"的情境。从实施效果来看，这样的教学很有画面感，富有情趣，对于培养小学生的语文学习兴趣，促进他们的形象思维发展都很有帮助。贾老师常说的"无痕教育"，在这个教学片断中也得以充分体现。当然，这要求语文老师可以"迅速勾画简笔画——几棵大树"。

研读感悟

从文本特点出发，选择、加工教学内容。《九寨沟》这篇课文的特点，以景物描写最为突出。抓住这个特点，延伸到学生的形象思维，落在学生的听说读画，语文课的质感表现得淋漓尽致。这堂课的突出特点是：（1）教学意图定位准确，抓住课文的景物描写，围绕听记、想象、复述、"画画"来展开听说读写练习，由面到点，从一般性想象到创造性想象，注重学生的语文积累及批判性思维训练；（2）视野开阔，教学思路清晰，特别讲究前后铺垫，听说读写相互勾连，效果显著；（3）以组织学生的语文学习活动为主线，这个过程中学生积累了生字词，练习课文朗读，听记、复述优美段落，联想或想象"雪峰直插云霄、古木参天"的意象，可谓语文味浓郁，效果显著。在语文学习过程中，师生对话、讨论，相互切磋，其乐融融。老师给予了学生优质的人文熏陶，丰富的情感体验、审美体验，促进了学生语文素养的发展。

附　课文原文

九寨沟 *

在四川北部南坪、平武、松潘三县交界的万山丛中，有几条神奇的山沟。因为周围散布着九个藏族村寨，所以人们称它九寨沟。

从南坪西行40公里，就来到九寨沟。一进入景区，就像到了一个童话世界。

一座座雪峰插入云霄，峰顶银光闪闪。大大小小的湖泊，像颗颗宝石镶嵌在彩带般的沟谷中。湖水清澈见底，湖底石块色彩斑斓。从河谷至山坡，遍布着原始森林。每当天气晴朗时，蓝天、白云、雪峰，森林，都倒映在湖水中，构成了一幅幅五彩缤纷的图画，难怪人们把这些湖泊叫做"五花海""五彩池"呢。由于河谷高低不平，湖泊与湖泊之间恰似一级级天然的台阶。由此形成的一道道高低错落的瀑布，宛如白练腾空，银花四溅，蔚为壮观。

继续向纵深行进，四处林深叶茂，游人逐渐稀少。注意，这时你已经走到珍稀动物经常出没的地区。也许，就在不远处，有一只体态粗壮的金

★　本文选自苏教版第七册。

丝猴，正攀吊在一棵大树上，眨巴着一对机灵的小眼睛向你窥视。也许，会有一群善于奔跑的羚羊突然窜出来，还没等你看清它们，又消失在前方的丛林中。也许，你的运气好，会在远处密密的竹丛中，发现一只憨态可掬的大熊猫，正若无其事地坐在那里咀嚼鲜嫩的竹叶。也许，你还会看见一只行动敏捷的小熊猫，从山坡跑下谷底，对着湖面美滋滋地照镜子。

雪峰插云，古木参天，平湖飞瀑，异兽珍禽……九寨沟真是个充满诗情画意的人间仙境啊！

四年级

《西沙渔人》课例品读 *

一、导入新课

师：俗话说，爱运动的人喜欢吃肉，爱动脑筋的人喜欢吃什么呢？

（大部分学生抢着回答是"鱼"。教师肯定了学生的答案，并在黑板上板书"鱼"。）

师：喜欢动脑筋的人、聪明的人喜欢吃鱼。

（学生齐读"鱼"。）

师：在前面填上一个字，你知道有哪些鱼？

（教师在"鱼"前添一条横线。学生争先恐后地举手回答，说出"鲨鱼""带鱼""比目鱼"等多个答案。）

师：试着说一句话"我知道的鱼有什么，什么和什么"，至少说3个。再说"其中，我最喜欢吃什么"。

（共有3个学生回答，教师要求学生回答要连贯。）

师：鱼生活在水里。（教师边说边擦去横线，加上"氵"。）如果给它加上三点水，这个字念什么？

（学生齐读"渔"。）

师：这个"渔"怎么解释？

生：这个"渔"指人去捕鱼。

师：捕鱼。这是个动词。（教师在"渔"后面添上"人"。）这怎么解释呢？

生：捕鱼的人。

师：对，捕鱼的人即渔夫。我们在沙家浜、西湖、上海近郊淀山湖见过捕鱼的人。这些地方我们都能去。课文中说的地方，我们谁也不敢去，

---

* 本课例系贾志敏老师于 2000 年 3 月 8 日撰写。

那就是_____。

（教师补充课题，指导学生读课题。学生齐读课题两遍。）

【学习笔记】这是贾老师的常规导入法：从学生的生活经验切入，采用谈话、拉家常的方式，由小朋友们熟悉的"鱼"，逐渐迂回，切入到课文标题的"渔""渔人"。这样做的目的是既引起学生的兴趣，对文本产生亲切感，又解释标题，导入新课。这个环节，贾老师会精心设计，做好预设。

师：今天，我们讲的就是《西沙渔人》。"西沙"指西沙群岛。三年级时，我们学过一篇课文，我忘记了。

（教师的"健忘"激起了学生的学习兴趣，不少学生提醒教师是《富饶的西沙群岛》。）

【学习笔记】贾老师的故意健忘，是为了凸显学生，鼓励学生参与课堂。这也有助于课堂气氛更活跃。

师：富饶的西沙群岛在我国的南海海面上。那里分布着几十个岛屿。岛上树木茂密，郁郁葱葱，像一颗颗翡翠。西沙群岛风景优美，物产丰富，是我国的宝岛。三年级的那篇课文，讲的是它的风景、物产，今天我们要学的课文讲的是西沙的儿女，西沙的主人。齐读课题。

（学生齐读课题。）

【学习笔记】贾老师联系学生三年级学的课文《富饶的西沙群岛》，简要介绍新课与旧课的区别，有助于在学生的经验世界中产生累积效应。贾老师在语文教学过程中，心里一直装着学生的经验，一直琢磨如何唤醒学生的经验，如何引起学生的兴趣，如何让新的教学内容与学生的经验挂起钩来，如何让新的语文要素融入学生的经验系统当中，化为学生的精神财富。正是从学生经验这个层面，贾老师来体现"教为学服务"的理念。

二、生字词教学

师：这篇课文中有几个生字，谁会不看拼音读？

（一学生读生字。教师帮助学生理解"风驰电掣"和"剽悍"。）

师：黑板上还有5个多音字。在我国的汉语里，有些字在这里读这个音，到了那里读那个音。"银行"的"行"读"háng"，"行人"的"行"读"xíng"，但这两个字是一个字。那么，让我们看一看（教师指着"梅花参"的"参"），这里念什么？

（学生齐读"shēn"。）

师：别的地方读什么？

生："参加"的"参"读"cān"。

师：我们去参加运动会，不能读成"shēn 加"运动会；给爸爸吃人参，不能念成"人 cān"。

（听着教师幽默的话语，学生不禁大笑。在轻松的气氛下，教师还教了"扁""血""扎""尽"4个多音字。最后，学生齐读这5个多音字。）

师：小朋友学得真好。有几个字老师都会念错，但小朋友一点儿都没有读错。生字学会了，多音字也掌握了。小朋友看课文。我们要正确地朗读课文。把书拿起来。

（师生一起听课文录音。）

【学习笔记】导入新课后，指导学生学习生字词，学习多音字。这是语文的常规教学内容，贾老师教得扎扎实实。这部分的教学特点如下：（1）准确估计学情，突出学生难学、容易混淆的内容来教，如理解"风驰电掣"与"剽悍"的词义，多音字"参"等。（2）通过列举学生熟悉的、感觉有趣的例子，加上老师的幽默话语，让这个本身比较枯燥的教学环节饶有趣味，努力让学生喜欢。（3）教前目标明确，教后自觉做好教学效果评价，"小朋友学得真好""生字学会了，多音字也掌握了"，边教边评，稳步推进，这是贾老师一贯的风格。

三、概括课文主要意思

师：听录音时大家坐得很好。三年级我们学的是《富饶的西沙群岛》，那里风景优美，物产丰富。今天我们看到的完全是另一番景象。（教师出示插图）我们看到的是鲨鱼，凶猛的鲨鱼，被我们的西沙渔人所捕获。这需要了不起的勇气和魄力。课文我们听了，数一数几个小节？在小节前标上序号。

（学生为课文标上节号。）

师：有几个小节？

生：5个。

师：现在大家看黑板，一共有5个小节。（教师边说边在黑板上写了"1、2、3、4、5"这些数字。）让我们来学一个本领。5个小节有那么长，我们能不能很简要地把它们掌握呢？每一节我们都要用一句或两句话来概括。例如，第1节的主要意思该如何概括？谁来读1节？

（教师指名，有2个学生读了第1节。教师指导学生要读出自豪的感情。）

【学习笔记】设计阅读活动，让学生把全文5小节的意思用一句或两句话来概括。

师：像这么一段话，我们要概括节意，大家先找一找，它讲的是"谁"，还是"什么"？

生：讲"什么"。

师：是"什么"？

四年级

生：西沙群岛。

师：那西沙群岛怎么样？

生：西沙群岛由几十个岛屿组成。

师：在这一段话中，把什么遗漏了？

生：西沙群岛在祖国南海的海面上。

师：对了，这段主要讲了西沙群岛的位置。

（教师要求学生练习把节意说一遍，然后要求学生试着将地点移至句子后面练习说话，最后请学生任意选择一种句式概括第1节节意。）

【学习笔记】运用谈话法指导学生概括第一节的节意，以此作为示范，再让学生"任意选择一种句式"，练习概括后面的节意。对句式的关注，有助于引导学生以此为抓手，内化、迁移语言知识。这一部分还可关注贾老师的勾连艺术，由阅读、概括，勾连说话练习，从而让这一个点的学习更加丰富、有趣，也体现出用教材教的理念。

师：用这种方法学习第二小节。

（学生自由读第2节。）

师：个读读得很认真，不知你们齐读水平怎么样？

（学生齐读第2节。）

师：用刚才的方法来概括。谁怎么样？

（共有4名学生概括了第2节节意。教师指出学生概括的节意中出现的问题和概括节意的方法，特别指出要找最主要的，话不能多。学生在教师的启发下找到了第2节的总起句，作为该节节意。）

【学习笔记】在学生练习概括节意的过程中，相机传授阅读方法、概括技巧，如"要找最主要的""话不能多"，善于依据总起句来概括等。

师：你怎么知道是"西沙渔人"，它不是说"这里"的渔人吗？

（教师引导学生要联系上下文学习课文。）

师：请这几组小朋友学第3节，这几组学习第4节，那里的小朋友学习第5节，把这三节的节意写在课本上。

（学生根据教师的要求自学第3、4、5节。待大部分学生完成后，教师指名两个学生将第3、第4节节意分别写在黑板上。在两个学生写节意的同时，教师教学第5节。）

师：下面看第5节，自己读第5节。

（自由读第5节。）

师：好。我们一起来读。

（学生齐读第5节。）

师：这一节是不是主要写西沙渔人？

生：写的是西沙渔人必须经历的入门考试。

师：什么是西沙渔人必须经历的入门考试？

（请学生概括第5节节意。）

（有三四个学生概括了节意。教师及时指出了学生答案中"只要"运用不恰当，应是"只有"。概括了第5节节意后，教师检查写在黑板上的第3、第4节节意。一学生概括的第4节节意是："西沙渔人下海钓鲨鱼的情景。"教师指出，概括节意段意时不能出现"情景""情况"之类的词语。经过师生共同热烈的讨论，确定第3、第4节节意。）

师：哪一个同学能把5个小节的节意连起来说？

（一个学生在教师的点拨下，用完整的语句将5节节意连成一段话。）

师：这就是这篇课文的主要意思。文章的主要意思我们知道了。那么，哪些地方写得好？为什么这样写？我们有机会再学。

（下课）

【学习笔记】这一部分教得比较平实，特点如下：（1）学习目标可视化。

老师先在黑板上写了"1、2、3、4、5"这些数字，然后指导学生将每节的节意逐一写到黑板上。这样学习目标很明确，"看得见"，有助于提高学习效率。（2）学习目标任务化。通过让学生完成任务的方式来进行。（3）过程指导化。老师通过示范、对话，传授方法、技巧等指导学生学习，提高学习质量。（4）学习结果易检测化。先指导学生分别概括节意，然后指导学生"用完整的语句将5节节意连成一段话"，先分再合，学习效果一目了然，这有利于强化学习动机。

研读感悟

从教学过程设计来看，这一部分的教学总体上显得平实、扎实。采用组块式教学思路，首先采用谈话的方式导入新课，然后学习生字词，最后练习概括每节的节意。每个组块的教学目标，贾老师心里都很清楚、明确，都有预设。在每个组块完成之后，贾老师会引导学生一起来对学习效果做评价，如让学生朗读课题，对学习效果及时反馈，"小朋友学得真好。有几个字老师都会念错，但小朋友一点儿都没有读错""生字学会了，多音字也掌握了"；同时设计语文活动，让学生完成，从而检测学习效果，"一个学生在教师的点拨下，用完整的语句将5节节意连成一段话"。边教边评，这样教得放心，学得明白。

附1　课后练习

（一）预习提示

认真朗读课文，想想"西沙渔人"是什么样的人，怎么才会被公认是够资格的"西沙渔人"。

（二）课堂练习

1. 朗读课文，回答问题。

什么叫"剽悍"？从哪些地方可以看出西沙渔人是机智剽悍的海猎手？

2. 根据课文第二段（第 3、第 4 节）每一节的意思概括段落大意。

第 3 节：西沙渔人设计了一种特殊的钓钩。

第 4 节：上钩的鲨鱼发疯似的逃窜，等它疲倦了，渔人用利斧把它砍死。

提示：仔细阅读课文第二段，先了解第 3、第 4 节的意思，再想想第 3 节和第 4 节有什么联系，哪一节的意思是主要的，然后归纳成段落大意。

3. 读下面的句子，说说带点词语的意思，再用它造句。

（1）鲨鱼一露出水面，还来不及挣扎，一柄利斧已劈进它的头盖骨，鲨鱼顿时断了气。

（2）如果依靠自己手上的利斧，砍杀过一条鲨鱼，就会被公认是够资格的西沙渔人了。

4. 学习词语。

（1）读读写写

剽悍 擒拿 鲨鱼 发疯 风驰电掣

惊涛骇浪 风帆船 血腥味 诱 劈

（2）写出近义词

锋利（　　）　　机智（　　）

凶暴（　　）　　特殊（　　）

5. 听写课文最后一节。

（三）课后作业

收集各行各业的人们在与大自然搏斗中表现出英勇无畏精神的故事，在班级里讲一讲。

附2　课文原文

西沙渔人 *

在祖国南海湛蓝的海面上，撒着几十个绿宝石般的珊瑚岛，这就是西沙群岛。

这里的渔人，都是些久经风浪锻炼，机智剽悍的海猎手。他们驾一叶扁舟就敢出没在波涛险恶的南海上。他们敢于潜入几十米深的海底采梅花参、珊瑚，敢于下海擒拿七八百斤重的大海龟，甚至敢于只身去钓鲨鱼。这儿的鲨鱼大多属于虎鲨一类，凶暴异常，尖利的牙齿能一下子把一个壮年汉子咬成两截，猛烈挥动的尾巴只要擦到你的皮肤，立刻使你血肉模糊，但西沙渔人偏偏喜爱钓鲨鱼。

聪明的西沙渔人设计了一种特殊的钓钩。这种钓钩比普通钓钩大好几倍，倒刺也十分锋利。钓绳有自来水管那么粗，经得住上千斤的拉力，在靠近钓钩的地方包着铜片——这是为了防止被鲨鱼的利齿咬断。

乘上一条小小的风帆船，钓钩上挂二三斤肉，血腥味很快地诱使嘴馋的鲨鱼上钩。被倒刺扎痛的鲨鱼发疯似的逃窜。放尽钓绳，小帆船就被强有力的鲨鱼拖着在海上风驰电掣般奔驰，在蓝得发黑的海面上激起了惊涛骇浪。巨大的鲨鱼能拖着小帆船奔上三五十里，甚至一二百里。等到它无力再拖动小帆船时，剽悍的渔人便提起钓绳，鲨鱼一露出水面，还来不及

★　本文选自浙教版第七册。

挣扎，一柄利斧已劈进它的头盖骨，鲨鱼顿时断了气。

　　有没有胆量下海钓鲨鱼成了西沙渔人的入门考试。因此，西沙渔人的少年们，到了十四五岁时，就相约去钓鲨鱼。如果依靠自己手上的利斧，砍杀过一条鲨鱼，就会被公认是够资格的西沙渔人了。

《虎门销烟》课例品读 *

一、复习、导入

1.学生齐读课题。（师指导：声音不要太响。）

2.学生齐读第1节课文。（师：如果再轻一点就更好了。再读一遍。）

3.师：能不看书就不看，试背第1节。（师用手势、语言启发，鼓励学生朗读。）

4.学生齐读第5节。（师表扬学生读得好，要求学生不看书试背第5节。）

5.学生齐背第1、5节课文。

【学习笔记】读背结合，重在巩固及掌握。

6.师：这是我国近代史上发生的一件事。（学生齐读课题。）

课题中的"烟"指什么？（出示"中华香烟"加以区别）介绍"鸦片"及其危害（英帝国主义为侵略中国，运入鸦片，毒害人民）。

"销""销烟"各是什么意思？"虎门"在哪里？（纠正书中的错误）

"虎门销烟"是什么意思？谁在虎门销烟？（板书：虎门销烟）

二、讲授新知识

1.学生看录像"虎门销烟"的故事，师释"两广总督""林则徐"，再简述"虎门销烟"的故事。

2.学生看书，师问：课文哪几节写"销烟"？（2-4节）

3.学生读2-4节，师指名（3组）分节读，并作评价和纠正（断句）。

4.师：我发现第3节特别难念，谁来读？（再指名3人读，师一一评点）。

★ 本课例选自《贾老师教语文》，上海教育出版社，2000年，第58-59页。

5. 师：谁能不看书读这几节？（指名3人试背2-4节）

6. 分别请各组读（背）得最好的学生上台背2-4节，集体背1、5节。

7. 师引读（背）：（1）故事发生在什么时候？在哪里？大家怎么样？（2）海边做好了哪些准备？（3）这时候谁来了？他怎么说？这是什么声音？这表达了什么？（4）这时，民工们怎么听从林则徐的命令的？这是为什么？（5）进行了几天？结果呢？中国人民高兴吗？（引读很"煽情"，效果好。）

【学习笔记】引读、引背，可以帮助学生整理思路，按照文章脉络来理解、记忆。这有助于帮助学生学习背诵的方法。

三、指导课堂练习

1. 读词（板书）：炮声、鸦片、河水、四野（加上"怎么样"的，完成练习2。）

2. 读句（板书）：＿＿＿＿＿＿＿鸦片被销毁了。（指名补充句子，齐读句子练习3。）

四、总结全文

1. 师小结："虎门销烟"讲的是1839年6月3日两广总督林则徐在广东虎门指挥销毁从英国运来的全部鸦片的故事。（指名学生复述这段话。）

2. 师擦去其他板书内容，只留一个"烟"字，进行禁毒宣传教育：160多年后，现在仍有人吸"烟"，我们千万不能跟它沾上边。

3. 学生完成课后练习2，指名互评。

4. 学生完成课后练习3，指名交流。

四年级

研读感悟

《虎门销烟》的教学设计，不仅简明扼要地反映了"这一篇"课文"教什么""怎么教"，而且鲜明地凸显了贾老师的语文教学思想。下面试析如下：

1. 把课堂还给学生学语文，把时间留给学生练语文。语文课堂主要是学生学习语文的场所，要将课堂的时间与空间优先分配给学生实实在在地学语文，做到"不赶场""不作秀""不走形式""不玩花样"，学生从从容容学语文，老师朴朴实实教语文，建构良性的语文课堂生态。从教学设计来看，不论是第一、二环节"复习、导入""新授"，还是第三、四环节"指导课堂练习""总结全文"，"主语"多是学生，老师在旁引导、指导、反馈、激励、评价，充分体现了学生学语文的主体地位，而不是"越俎代庖"，让学生配合老师上好语文课。这与素质教育及新课程改革的根本理念完全吻合。

2. 从主线的安排来看，可谓深谙语文教学之道。整个教学流程，体现的是"实践语文"路径，而非"认识语文"路径。这是能否教好中小学语文课的分水岭。所谓"实践语文"，就是引导、组织学生"做中学"，边学边用，从而让自己的语文经验如滚雪球一样扩展，老师充当组织者、教练员的角色。所谓"认识语文"，就是让学生学习语文书本知识，满足于获取间接经验，学习结果多以背诵记忆的方式存储，而不与自己的生命体验融通，不落实到语言文字运用过程中去，老师充当组织者、灌输者的角色。贾老师的教学设计体现了鲜明的"实践语文"路径，还特别注意一边让学生实践、练习，一边反馈、评价，稳步推进，可谓真善教也。

总之，《虎门销烟》的教学设计体现了贾老师一贯的教育教学思想，即"突出学生，淡化老师"，把课堂舞台还给学生，全心全意为学生的生命成长服务。

虎门销烟 *

  1839 年 6 月 3 日，天刚蒙蒙亮，广州城就沸腾起来了。城门旁张贴着一张大布告，人们纷纷前来围观。有的人大声宣读着："钦差大臣林则徐，遵皇上御旨，于 6 月 3 日在虎门滩将收缴的洋人鸦片当众销毁，沿海居民和在广州的外国人，可前往观瞻……"老年人边听边点头，笑盈盈地捋着胡须。青年人兴奋地挥着拳头，赞不绝口。顽皮的孩子们在人群里钻来钻去，高兴地叫喊着："烧洋鬼子的大烟了，快到虎门滩去看呀！"

  成群结队的百姓，穿着节日盛装，敲锣打鼓，起劲地舞着狮子和龙灯；孩子们用竹竿挑着一挂挂鞭炮，噼里啪啦，震耳欲聋。浩浩荡荡的人流，向虎门滩涌去。

  前往虎门滩的群众，经过英国洋馆。那里，过去英国人趾高气扬，不可一世。可今天，洋馆却死一般寂静，几个在窗口向外探望的英国商人，见人海如潮，喊声震天，吓得赶忙把头缩了回去。

  虎门离广州城约有一百多里地，人们冒着 6 月的骄阳，经过长途跋涉，前来观看。虎门海滩人山人海，水泄不通。

  虎门滩高处，挖了两个 15 丈见方的销烟池，池子前面有一个涵洞，直通大海，后面有一个水沟，往里灌水。池子周围搭了几个高台，林则徐、邓廷桢、关天培等文武官员，在高台上监督销烟。

  销烟民夫先把池子灌上水，然后把一包包海盐倒入池内，再把烟土切成四瓣扔进水里。等烟土泡透后，再把一担担生石灰倒进池子里。不一会儿，池子像开了锅似的，黑色的鸦片在池子里翻来滚去，一团团白色烟雾

★ 本文选自苏教版第七册。

四年级

从池子里往上蒸腾，弥漫了整个虎门滩。围观的群众欢呼跳跃。在雷鸣般的欢呼声中，通向大海的涵洞被打开了，销毁的鸦片被咆哮的海水卷走了。

许多外国商人看到这惊天动地的场面，都非常震惊，便恭恭敬敬地走到林则徐的台前，摘下帽子，躬身弯腰，表示敬畏。林则徐浩然正气地对他们说："现在你们都看到了，天朝严令禁烟。希望你们回去以后，转告各国商人，从此要专做正当生意，千万不要违犯天朝禁令。走私鸦片，自投罗网。"商人们洗耳恭听，连声称是。

两万多箱鸦片，23天才全部销毁。这一壮举，大长了中国人民的志气，大灭了外国侵略者的威风。

《中彩那天》课例品读 *

第一课时

一、导入新课，补充故事

（师生问好之后，老师在黑板上贴了一个"彩"字，请学生读。）

师："彩"的右边有三撇，指许多种颜色。如彩云、彩旗、彩色等。当前，在我们的经济生活中，用"彩"字组成的使用频率最高的词是哪个？

生：（众口一词）彩票！

（老师出示一张彩票，贴在"彩"字边上。）

【学习笔记】为什么不直接在黑板上写"彩票"，而要在黑板上写一个"彩"字，并在旁边贴一张真的彩票呢？从小学生的接受心理来看，采用实物，更能加深印象，促进理解、掌握。善于选用实物"道具"（如后面的玩具小汽车），也是贾老师上课的一个特点。又如教《爸爸的老师》，为了让学生理解"新鲜"这个比较抽象的新词，贾老师事先准备好新鲜的小番茄，上课时讲到"新鲜"这个词时拿出小番茄供同学们观察，还会把"新鲜的小番茄"奖赏给回答问题好的同学。这时候孩子们很容易就理解了"新鲜"的概念，用这种方式学会的词语，他们或许一辈子也不会忘记。

师：我国改革开放以后，经济领域发生巨大变化，发行股票之后又发行彩票。彩票，一般由政府发行，如福利彩票、体育彩票、足球彩票等。彩民用较小的金额购买，如果中彩，将获得可观的奖金。

政府集中这笔资金的大部分去发展福利事业、体育事业、足球事业等，

★　本课例由贾志敏老师提供。

又取出其中一小部分给获奖彩民，少则几十元，多则几百万。

【学习笔记】介绍彩票的知识背景，是为了让学生对彩票的相关知识有一个比较全面的认识，从而促进学生更好地理解课文内容。另外，由"彩"延伸出"彩云、彩旗、彩色、彩票"，又由"彩票"延伸出"福利彩票、体育彩票、足球彩票"。这种方法非常有助于扩充学生的词汇量。

师：今天，我们学习的这篇课文跟彩票有关，题目是"中彩那天"。（板书：中、那天）

（指名多个学生读课题。）

师："中彩"指什么？

生：中奖了。

（老师把"彩"字移到"中"字前面。）

生：（顿悟）"中彩"就是买的彩票中奖了。

（老师又把"彩"字移回原处。）

【学习笔记】贾老师为什么只板书"中、那天"，而不是板书"中彩那天"？原来上课伊始，贾老师在黑板上已经贴了一个大"彩"字。于是当学生解释"中彩"词义不到位时，贾老师把贴在黑板上的"彩"字移下来，学生一下子就明白"中彩"就是"买的彩票中奖了"。这样教语文，学生不喜欢才怪呢。

师：现实生活中，没有钱是万万不能的，但有了钱，也不是万能的。

（向学生介绍两个故事。有一个人买的彩票中了大彩。奖金500万。他分一部分给亲朋好友，但是他们不满足，经常上门来要钱。为此，他搬离老家。他的亲朋好友还是找到了他，还打伤他的妻子。他感慨万分，"我真想回到那没有中彩的日子。"

另一个故事：去年 8 月，广东一个体育彩票投注站业主林海燕代吴先生买了 707 元的体育彩票。吴先生出差在外，没付款，也没领彩票。然而正是这些彩票中的一张中了头奖 518 万。林海燕立即通知吴先生。518 万从天而降，吴先生不信。后来，当他明白这一切都是真的，激动地说："我错怪你了……"他领取这 518 万后，将 20 万元赠送给林海燕，林海燕谢绝了。）

　　【学习笔记】贾老师介绍的两则故事都是真实发生的，从教育意义上来看正好一正一反，看来"中彩"不一定就是好事，从而促进学生辩证地思考问题，为引出课文故事做铺垫，因此后面立即承接一句话——"中彩之后可能发生许多意想不到的事"。

二、学习字词，读好课文

　　师：中彩之后可能发生许多意想不到的事。那么，课文介绍了一个什么样的故事呢？请默读课文。

　　（老师请学生借助拼音自学生字、新词。）

　　师："拮据"是什么意思呢？

　　生：穷困。

　　生：生活贫穷。

　　生：手头钱款很紧。

　　师："拮据"指贫困。没有钱，可以用"拮据"；如果一时拿不出现金，也可以用"拮据"。

　　师："馈赠"指什么？

　　生："馈"是赠的意思，"赠"是送的意思，"馈赠"指赠送比较贵重的礼物。

　　师："梦寐以求"的"寐"是什么意思？

　　生：睡着。

师：那么，"梦寐以求"呢？

生：睡着了，连做梦都孜孜以求。

【学习笔记】这一部分体现了"先学后教"的理念，首先引导学生借助拼音自学生字、新词，然后采用对话交流的方式，很从容地把生字词教到位。对难度不大、比较好把握的语文内容，要放手让学生自学，鼓励他们养成良好的学习习惯，老师做好指导提示、评价反馈。

（老师请学生朗读课文，在每一节前加一个序号。全文共 16 节。）

三、学习第 1、2 节，进行复述训练

（老师指导读第 1、2 节；再指导读好母亲安慰一家人的话："一个人只要活得有骨气，就等于有了一大笔财富。"教师又指名 4 位学生背诵母亲的这番教诲，学生一个比一个读得好。）

（教师出示"拮据""梦寐以求"和一辆玩具汽车，请学生按顺序用上这三个词说说第 1、2 节的意思。）

生：（很流畅）第二次世界大战以前，我家很拮据，父亲梦寐以求的是能有一辆自己的汽车。

生：第二次世界大战以前，我们家非常拮据，父亲梦寐以求的是拥有一辆属于自己的汽车。

师：（把汽车模型放到"拮据"与"梦寐以求"两个词的中间）谁再来说第 1、2 节的意思？

生：第二次世界大战以前，我们家很拮据。汽车是父亲梦寐以求的。

生：虽然我们家生活拮据，但拥有一辆汽车是父亲梦寐以求的。

师：（交换"拮据"和"梦寐以求"的位置）现在谁会说？

生：第二次世界大战以前，父亲梦寐以求的是能有一辆自己的汽车，但是我们家十分拮据……

（老师在"拮据"后加一个问号，示意学生继续说。）

生：……但是没有办法买。

生：父亲梦寐以求得到一辆奔驰汽车。但是我们家十分拮据，这怎么可能呢？

师：说得好，下课。

【学习笔记】这个教学片断非常精彩，展示了贾老师语文活动设计的高超智慧。在指导学生读好母亲安慰一家人的话"一个人只要活得有骨气，就等于有了一大笔财富"之后，贾老师从课文中抓取关键词"拮据"与"梦寐以求"，再找一辆玩具汽车作教具，就设计出了一个学生喜欢的口语活动。这个语文活动紧扣"按顺序"的要求，可划分为4个层次：（1）请学生按照"拮据""梦寐以求"和一辆玩具汽车的顺序来说说第1、2节的意思；（2）请学生按照"拮据"、汽车模型、"梦寐以求"的顺序来说说第1、2节的意思；（3）请学生按照"梦寐以求"、汽车模型、"拮据"的顺序来说说第1、2节的意思；（4）在第（3）的基础上，在"拮据"后加一个问号，请学生说说第1、2节的意思。表面上看，这是一个口语活动设计，实质上又是阅读理解训练，还包含了阅读理解的评价测试。因为只有真正理解了内容，学生才能够用自己的话把它表达出来。可见，这一个语文活动内在地包含了丰富的学习内容，体现了多层教学意图。即在单位学习时间内指导学生同时完成了多项学习任务，又不增加学生负担，这就是真正的教学智慧。

第二课时

一、复述课文，把握故事

（老师请三位同学分别用三种形式说说第1、2节的意思。）

师：后来，父亲梦寐以求的奔驰轿车终于如愿以偿。他是怎么得到这辆车的呢？

（老师在黑板上贴了两张彩票，分别是 05103 和 05102，其中 05102 的彩票上有一个用铅笔写的淡淡的"K"字。）

【学习笔记】"在黑板上贴了两张彩票，分别是 05103 和 05102，其中 05102 的彩票上有一个用铅笔写的淡淡的'K'字"，这有创设教学情境的意味。不仅有助于吸引学生注意力，而且有助于理解课文的故事情节发展。

生：后来，他父亲去买了两张彩票，其中一张中彩了，奖品是一辆奔驰轿车。他们家就有了属于自己的汽车。

生：后来，父亲买了两张彩票，一张给自己买的，一张是给库伯捎带的。后来，给库伯捎带的那张彩票居然中了彩。

师：很好！（指黑板上的"拮据""梦寐以求"等词）谁能从开头讲到现在？

生：第二次世界大战以前，我们家十分拮据。汽车是父亲梦寐以求的。有一次，父亲去买了两张彩票，一张是给自己买的，一张是给库伯捎带的。结果给库伯捎带的那张彩票中了大奖，父亲得到了一辆奔驰牌轿车。

师：这辆车是库伯的。（学生都点头说是。）那么，这张彩票是库伯的，为什么上面写了"K"字，后来又用橡皮轻轻地擦去呢？

生：因为这张彩票是父亲给库伯捎带的，所以写了"K"，后来这张彩票中奖了，父亲也想得到这辆轿车，因此又用橡皮轻轻地擦去了。

师：说得好！后来，这辆车归谁了？

（学生齐答：库伯。）

师：父亲买了两张彩票，一张给自己，一张给库伯，在库伯的彩票上作了记号。结果库伯的彩票中奖了。这个时候，父亲完全可以不告诉库伯，因为他们都忘记了有这么一回事。父亲想得到这辆车，这时他就遇到了道德上的一个难题，但最后他把车又还给了库伯。

【学习笔记】这里的教学结构很有意思。（1）温故："老师请三位同学分别用三种形式说说第1、2节的意思"，激活已有的学习经验。（2）知新："父亲梦寐以求的奔驰轿车终于如愿以偿"，让学生了解他得到这辆车的过程、原因。（3）衔接前面两步，将新学知识嵌入学生已有的学习经验中去，从而将这堂课的学习内容与第一堂课学生的收获合理地衔接起来了。这样教语文，就是教得扎扎实实，就是以学生为本的教学。

二、理解感悟，人文升华

（请学生一起读最后一节："成年以后，回顾往事，我对母亲的教诲有了深刻的体会，才明白中彩那天，父亲打电话的时候，是我那贫困的家最富有的时刻。"）

师："大"的反义词是——（生齐答：小），"好"的反义词是——（生齐答：坏），"贫困"的反义词是——（生齐答：富有），"贫困"与"富有"是一对反义词，文中说"父亲打电话的时候，是我那贫困的家最富有的时候"，既然是"贫困"，怎么又说是"富有"呢？

【学习笔记】这里展现了贾老师常用的一个教学技巧——迂回法。（1）先让学生回答："大""好""富有"的反义词。（2）切入正题，抓住矛盾设问："父亲打电话的时候，是我那贫困的家最富有的时刻"，为什么既然是"贫困"，怎么又说是"富有"呢？这个问题一抛出来，立即激活学生的思维。这一点又是理解课文最后一节的关键所在，也是理解课文主旨的关键所在。

生：因为母亲曾经教诲过："一个人只要活得有骨气，就等于有了一大笔财富。"

四年级

47

师："成年"指什么时候？

生：长大以后。

师：你们现在不是也长大了，能说"成年"吗？

生：16岁以后才算成年。

师：成年一般指18岁，能独立思考，有独立生活能力。

师："顾"指什么？"回顾"的意思呢？

生："顾"是看的意思，"回顾"就是回过头去看。

师："往事"又指什么？

生：以前的事。

师：现在不用"成年""往事""教诲"，用自己的话讲一讲这一小节。

生：长大以后，回顾第二次世界大战以前，我们家十分拮据。汽车是父亲梦寐以求的。有一次，父亲去买了两张彩票，一张是自己的，一张是给库伯捎带的。结果给库伯捎带的那张彩票中了大奖，父亲本可以得到一辆奔驰牌轿车，却把车子还给了库伯。由此我对母亲"一个人只要活得有骨气，就等于有了一大笔财富"的话有了深刻的体会，才明白中彩那天，父亲打电话的时候，是我那贫困的家最富有的时刻。

【学习笔记】这个教学片断也很有意思，教得妙。贾老师一路问下来，"成年""顾""往事"分别是什么意思，然后出其不意地提出一个问题，"现在不用'成年''往事''教诲'，用自己的话讲一讲这一小节"。这是一个很有智慧的问题。不仅是问题，也是测评手段。

师：父亲梦寐以求有一辆属于自己的车，这个愿望竟然让他如愿以偿了，但最后他还是把车让库伯开走了，这中间他是一下子做出决定的吗？

生：不是。

师：父亲遇到了道德难题，所以这里面还要加一句话——

生：长大以后，回顾第二次世界大战以前，我们家生活十分拮据。父亲梦寐以求的是拥有一辆轿车。他去买了两张彩票，一张是自己的，一张是给库伯的，想不到的是给库伯捎带的那张彩票中了大奖。经过激烈的思想斗争，父亲还是打电话，让库伯把汽车开走了。我对母亲"一个人只要活得有骨气，就等于有了一大笔财富"的话有了深刻的体会，才明白中彩那天，父亲打电话的时候，是我那贫困的家最富有的时刻。

师：父亲是经过了激烈的思想斗争的，从哪些地方看出他有过思想斗争？

生：第6节中母亲说"你父亲正面临着一个道德难题"，这是借母亲说的话来表明父亲在犹豫不决。

生：还有第11节中，"现在可以看出那K字用橡皮擦过"，说明父亲曾经动过占有汽车的念头，他也想瞒过库伯。

生：第4节，当父亲开着中彩的汽车从拥挤的人群中缓缓驶过时，"他神情严肃，丝毫看不出中彩带给他的喜悦"。中彩本来是大喜事，父亲却很严肃，可见他正在经历思想斗争，还没有最后决定。

生：当"我兴奋得几次想上车与父亲共享这幸福的时刻，却都被他赶了下来。最后一次，他甚至咆哮着要我滚开"，这里足见父亲在经历痛苦的抉择。

师：你们找得真准。金无足赤，人无完人，买了彩票，中了大奖，想瞒过库伯，却又遇到道德难题。你又从哪儿看出父亲解决了道德难题？

生：就在这时候，我听到了父亲进门的脚步声，又听到他在拨电话号码，显然电话是打给库伯的。

生：那天吃饭时，我们全家围坐在一起。父亲显得特别高兴，给我们讲了许多有趣的事情……

师：我们的人生道路还很漫长。在以后的日子里，我们很可能会遇到各种各样的道德难题。但愿你能做出正确的选择，做一个诚实的人，做一个高尚的人，做一个像故事中的父亲那样的人。

四年级

【学习笔记】这个教学片断完美地体现了语文工具性与性的统一。一方面通过引导学生抓住文本的言语表述特征，来理解文本的深层意蕴，如"父亲遇到了道德难题，所以这里面还要加一句话——""从哪里看出父亲经过了激烈的思想斗争""从哪儿看出父亲解决了道德难题"，这些问题都是引导学生通过推敲文本关键处、紧要处的表达来理解课文深意；另一方面通过理解父亲解决道德难题的过程及缘由，学生自然而然受到了良好的人文熏陶，最后贾老师再简要点拨、提示，效果更佳。语文课的人文性，确实不宜刻意追求，"随风潜入夜，润物细无声"是最理想的。贾老师也提倡无痕的教育，提倡"无心插柳"。

研读感悟

从本课教学大脉络推进来说，如导入环节，生字词教学，把握文章大意、复述故事，揣摩两处关键句（第一段："母亲常安慰家里人说：'一个人只要活得有骨气，就等于有了一大笔财富。'"最后一段："成年以后，回顾往事，我对母亲的教诲有了深刻的体会，才明白中彩那天，父亲打电话的时候，是我那贫困的家最富有的时刻。"），我想很多骨干层次以上的老师都是可以做到的，但是一堂课上下来，整体教学效果要达到如贾老师这次课的水平，却是非常不容易的事情。造成差距的原因在哪儿？贾老师又是怎么做到的呢？

（1）贾老师对文本研究得非常透彻，所以教学过程中主要精力放在密切观察学生反应，瞬间诊断教与学的状况，机敏地采取有效应对策略。

（2）对常规环节，针对学情做精细化、创造性处理。如导入环节，贾老师就下了很大的功夫，如贴"彩"字，介绍彩票知识，讲了两个有关彩票的故事等。一方面给学生尽可能多的感性体验，起到预热的作用；另一方面又很好地引出了课文内容，且为学生理解课文做好铺垫。又如引导学生学习第1、2节，进行复述训练环节，贾老师从课文中抓取关键词"拮据"与"梦寐以求"，再找一辆玩具汽车作教具，设计出一个学生喜欢的口语表达活动，然后又紧扣"顺序"要求，将一个口语复述活动，瞬间转化为4个"子活动"，构成一个环环相扣的复述训练序列。这就是贾老师高明的地方。一个语文活动如此，整堂课的语文活动也大体如此，前后教学组块之间包含内在的生成逻辑，而不是拼盘结构。（3）从实施效果来看，由于对主要教学环节做了精细化、创造性处理，在每个环节停留的时间就相对比较多，不仅有助于将这个教学点教透彻，而且教学节奏不会显得太快，教得淡定，学得从容。（4）从教学理据来看，贾老师的教学活动设计注意尊重语文教学规律与学生的认知规律，比如针对学生的接受心理，贾老师较多地使用直观教具，如大写的"彩"字贴，玩具小汽车，两张真实的彩票等，这有利于吸引学生注意力，也有利于培养学生的学习兴趣。在学习抽象的语文知识前，贾老师喜欢做各种铺垫，创设情境，让学生尽可能获得丰富的感性体验，然后再逐步提升到理解抽象知识的层次。事实证明，搞好语文教学，提高教学质量，确有必要尊重学生的认知规律及语文教学规律。

四年级

附 课文原文

中彩那天 *

第二次世界大战前，我们家生活拮据，全家六口人全靠父亲一人工作维持生计。但母亲常安慰家里人说："一个人只要活得有骨气，就等于有了一大笔财富。"

父亲是汽车修理厂的技工，他的技术精湛，工作卖力，深得老板的器重。他梦寐以求的是能有一辆属于自己的汽车。

一天放学回家，我看见城里最大的那家百货店门挤满了人。原来，一辆崭新的奔驰牌汽车将在那天以抽奖的方式馈赠给得奖者。

当商店扩音器里大声叫着我父亲的名字，表示这辆彩车已属于我家所有时，我简直不敢相信那是真的。不一会儿，我望见父亲开着车从拥挤的人群中缓缓驶过。但他神情严肃，丝毫看不出中彩带给他的喜悦。

我兴奋得几次想上车与父亲共享这幸福的时刻，却都被他赶了下来。最后一次，他甚至咆哮着要我滚开。

当我回家委屈地向母亲诉说的时候，母亲却安慰我说："不要烦恼，你父亲正面临着一个道德难题。"

"难道我们中彩得到汽车是不道德的吗？"我迷惑不解地问。

"过来，孩子。"母亲温柔地带我来到桌前。只见桌上放着两张彩票存根，号码分别是 05102 和 05103。中彩号码是 05102。

母亲让我仔细辨认两张彩票有什么不同。我看了好几遍，终于看到中彩的那张角上有用铅笔写的淡淡的 K 字。

母亲告诉我："K 字代表库伯，你父亲厂里的同事。"原来，父亲买

彩票时，帮库伯先生捎了一张，并作了记号。过后，两人把此事都忘了。

现在可以看出那 K 字用橡皮擦过，但还留有淡淡的痕迹。

"可是，库伯是有钱人，我们家穷呀！"我激动地说。

就在这时候，我听到了父亲进门的脚步声，又听到他在拨电话号码，显然电话是打给库伯的。

第二天，库伯先生派人来到我家，把奔驰汽车开走了。

那天吃晚饭时，我们全家围坐在一起。父亲显得特别高兴，给我们讲了许多有趣的事情……

成年以后，回顾往事，我对母亲的教诲有了深刻的体会，才明白中彩那天父亲打电话的时候，是我那贫穷的家最富有的时刻。

四年级

《普罗米修斯》课例品读*

一、揭题导入

师：《普罗米修斯》是一篇以一个神的名字命名的希腊神话故事。

师：课题的名字我写不好，谁来帮帮我？在黑板上把课题名字写一下。

（一生写课题，师相机指出并纠正生写错的笔顺。）

师：这位学生没有练过字，写得不好，谁比他写得好？

（另一生写课题，师再次评价。）

师：谁来读读课题？

（生读，有些拖字音。师范读，师反复指名读。）

【学习笔记】在导入环节，贾老师略施小计，将学生推上来板书，让学生在黑板上写课题"普罗米修斯"。贾老师采用这一招来导入，我还是第一次见到。他的教学意图，或许有这么几个：（1）这是古代神话，用神的名字来作为课文标题。这个名字是洋名，学生有陌生感，学起来有难度，让学生来板书，有助于加深印象。（2）让学生板书的过程，也是创造了解学情的机会，比如书写技能情况，或通过书写技能看这个班学生的语文基本功情况。（3）有助于发现写字问题，借机做写字指导。估计学生可能写不好，于是设计这次写字练习，让学生到黑板上来写板书，就相当于"曝光"，从而示范，借机指导。如第一位学生写课题，贾老师相机指出并纠正他写错的笔顺。（4）发挥评价功能，刺激学生练好字。也可能贾老师意识到学生写字存在普遍性问题，趁这次两位同学都没写好字，借机鼓励大家加强练字。总之，作为课堂导入，贾老师历来特别讲究简洁、巧妙，一下子激发学生的学习欲求，吸引他们的注意力。

★ 本课例由贾志敏老师提供，记录人为东素华老师。

二、初读课文，扫除字词障碍

师：请同学们自由地读课文，老师在认真地倾听你们读书。

（生有滋有味地读书，师穿行在学生中间，关注学生的读书情况。）

（生读完后，师评价。指名表扬读书速度快的、读得有感情的、读书声音好听的、读书时坐姿端正的学生。）

【学习笔记】这个教学小片段是贾老师常用的"招法"。1.创设倾听的情境，通过积极暗示来鼓励学生认真读课文。"请同学们自由地读课文，老师在认真地倾听你们读书"，学生意识到老师在认真倾听，自然会用心朗读。2.细心地倾听，紧张地分辨，及时反馈，积极评价。学生在各自读书的同时，贾老师一刻也没闲着，如同一个语音探测器，在不断捕捉一个个学生的朗读状况，然后把收集到的学生朗读信息快速地分辨、加工，并及时做出判断，积极地反馈给学生。特别需要注意的是，贾老师此处的反馈，不是基于朗读学的，而是从课堂育人的角度来给予有选择性的功能反馈，目的是发现学生朗读的个性特征，树立榜样人物，营造相互激励、积极竞争的课堂氛围。如"指名表扬读书速度快的、读得有感情的、读书声音好听的、读书时坐姿端正的学生"，这里面既有对刚才朗读活动的积极评价，又有树立榜样人物、引导学生如何读书的作用，从而将指导与评价统一起来，收到很好的教学效果。

（师出示本课生字、词。）

【学习笔记】课前，贾老师常常先将要板书的内容写在黑板上，节约课堂时间，快下课时，一边温习教学要点，一边将板书擦掉，整个教学过程都在他的预见之内，上课时胸有成竹，有条不紊，逐层深入。

四年级

（师指名逐字读，相机指正读法。）

师：这些词语你们理解吗？"领袖"，师拿着自己的大衣让学生指"领"和"袖"。

师：（师提着"领"让学生看）这样是一件衣服，如果这样拿（师随意提着衣服的一角）这是什么呀？

生：（大笑）什么也不是。

师："领袖"还有什么含义？

生：领头的。

生：领导人。

生：主席。

……

师：刚召开的"十八大"选举我国的领袖是谁？

生：习近平总书记。

师：不简单！

师："吩咐"的近义词是什么？

生：叮嘱。

师：（指着一学生）走过来！（生按老师要求做。）

师：刚才叫作——

生：命令。

师：对！

师："饶恕"一词的意思就是不——用文中的词语来说。

生：不饶恕。

师：不对。

生：不惩罚

……

（理解"押"：老师做拿着枪逼着一学生的动作。理解"狠心"：让学生找反义词。理解"肝脏"：师指自己的肝脏部位，并让学生各自指自己的肝脏部位。理解"挽弓搭箭"：让一学生做此动作，其他学生跟着演示此动作。）

师：理解了这些词语，再读一遍。（师示范读，生齐读。）

【学习笔记】贾老师教生词的方法多种多样，重视实实在在的效果。上述教学片断展示的是贾老师几种常用的生词教学法。比如：教"领袖"，贾老师拿着自己的大衣让学生指"领"和"袖"，在让学生明白"领袖"的本义之后，再引导学生理解"领袖"的引申义，学生回答"领头的、领导人、主席"等，最后联系实际，让学生回答"刚召开的'十八大'选举我国的领袖是谁"，学生答对了，老师给予评价后结束。作为一个概念（生词）的教学，这里的"领袖"教学法具有典型性。从主线来看，要教给学生概念的内涵与外延，教内涵分两个层次，即本义与引申义，教外延联系实际，用提问的方式进行。这样的教学思路具有科学性，符合概念作为教学对象的特征。这里有几个关键点：（1）从本义向引申义衔接、过渡的时候，贾老师设计了一个"微展示"："（师提着'领'让学生看）这样是一件衣服，如果这样拿（师随意提着衣服的一角）这是什么呀？"通过这个简洁的展示，形象直观地启发学生理解"领袖"的引申义，因此贾老师提出下一个问题（"领袖"还有什么含义）时，学生不费力气就回答出来了；（2）从教内涵向教外延过渡的时候，贾老师设计了一个小问题，"刚召开的'十八大'选举我国的领袖是谁"，学生的思维一下子就转向了"领袖"的外延；（3）最后评价结束："不简单！"整个"领袖"的教学过程，可谓简洁、精炼，效果很好。

从教育学的角度来看，这个教学片断给人如下启发。（1）"领袖"这个教学片断充分展示了老师"教"的价值与意义。当前提倡"学"是重要的，可是要真正提升"学"的质量，迫切需要高水平的"教"，古话"名师出高徒"还是没错的。师生合作，教学互动，不可偏废。（2）尊重学生的主体地位，以学为重，教为学服务。上述学习过程，学生的主体地位

四年级

得到充分尊重，教师的"教"全部落在为学服务上面。（3）词语教学除了教能指与所指，最重要的还要从语言符号层面转化到学生的感性经验层面，丰富学生的"词语库存"，体现育人立场。总之，教"领袖"一词的片段，鲜明地体现了贾老师的质朴、自然、务实、高效的教学风格，从学会运用的角度出发，将生词融入学生的经验系统中去。

此外根据不同词语的特征，贾老师还有不同的词语教学方法。如表演法：理解"押"，老师做拿着枪逼着一学生的动作；理解"挽弓搭箭"，让一学生做此动作，其他学生跟着演示此动作。如印证法：理解"肝脏"，师指自己的肝脏部位，并让学生各自指自己的肝脏部位。如找同义词、反义词法：理解"狠心"，让学生找反义词等。从各种不同的方面教学生理解词语，其本身就是引导学生掌握理解词语的多样化方法，有利于学生举一反三。

三、再读课文，初步感知课文内容

师：现在，我们开始读课文。

（指名每人读一个自然段。生读后贾老师的评价有："非常好""很好""好""可以"……）

【学习笔记】贾老师一语中的、分层次的评价，既让读得好的学生品尝到了成功的喜悦，同时又给读得不好的同学找到了努力方向和学习的榜样，具有丰富的教育意蕴。

师：同学们看，这一样吗？（贾老师给其中一个课题加上书名号。如下：《普罗米修斯》与普罗米修斯。）

生：不一样。第一个"普罗米修斯"加上书名号就是课题，第二个"普罗米修斯"是一个天神的名字。

师：你认为"普罗米修斯"是一个什么样的神？

生：普罗米修斯是一个勇敢的、敢于斗争的英雄。

生：普罗米修斯是一个为别人着想、不怕牺牲的英雄。

生：普罗米修斯是一个不畏强暴、敢于为别人谋幸福的天神。

……

师：根据你们的回答，我这样写：《普罗米修斯》——

师："——"这是什么符号？

生：破折号。

师：你知道破折号的用法吗？

生：声音延长。

（师读课题，突出破折号声音延长的作用。）

生：解释说明。

师：你就读出破折号的这种作用。

生：《普罗米修斯》——就是课题，普罗米修斯——是一个天神的名字。

生：《普罗米修斯》——就是课题，普罗米修斯——是一个为别人着想、不怕牺牲的英雄。

师：你能倒过来读吗？

生：课题就是《普罗米修斯》，一个天神的名字是普罗米修斯。

【学习笔记】贾老师这里的教学引导、问题设计很有智慧。这个教学片段可分3个层次：（1）借助书名号，引出"普罗米修斯"是一个什么样的神；（2）借助破折号，对（1）学习结果作总结；（3）通过倒过来读的设计，借助变式练习，起到巩固强化的作用。3个教学步骤综合起来，可概括为"一放一收一巩固"，从而将这个教学点教充分、教到位。借助两个符号（"《》"与"——"），不经意之间，就让学生初步感知课文内容，知道《普罗米修斯》这篇课文，刻画了一个什么样的普罗米修斯，轻松完成了教学任务，可谓教得巧、教得妙。这充分体现了"用语文的方法教语文"这个朴素的教学理念。

四、辨析课文，训练技能

师：下面我们进行一个辩论赛。对于本课有两种不同的观点：一种是有人认为《普罗米修斯》是一篇不可信的神话。另一种观点认为：普罗米修斯是一个不畏强暴，不怕牺牲、不屈不挠的英雄。你赞成哪种观点呢？请从文中找出具体的语句来证明。

（生发表自己的观点，并从课文中找出具体语句来证实自己的观点。）

师：你能用关联词"既……又……"把这两种观点联系起来吗？

（生答，师相机指导、总结。）

【学习笔记】在初步感知课文的基础上，贾老师旋即设计一个简短的辩论赛，通过辩论赛这种形式让学生来深入理解课文内容。另外提出两个要求：（1）从课文中找出具体语句来证实自己的观点。（2）使用关联词"既……又……"，把这两种观点联系起来。这样就将辩论赛这种练习形式的价值落在文本，落在语言。此举既训练了学生对课文内容的理解、提炼和总结，又训练了学生组织语言的能力和口头表达的能力，起到了一石三鸟的作用。真可谓匠心独运！

五、挑战权威，敢于质疑

师：请同学们看第五自然段："普罗米修斯摇摇头，坚定地回答：'为人类造福，有什么错？我可以忍受各种痛苦，但决不会承认错误，更不会归还火种！'"这句话中普罗米修斯认为自己没有错，后面又出现了"但决不会承认错误"这不是矛盾吗？"更不会归还火种！"应改为——

生：决不会归还火种！

师：对！这段话应改为：普罗米修斯摇摇头，坚定地回答："为人类造福，有什么错？我可以忍受各种痛苦，但决不会归还火种！"大家齐读一遍。

师：本课课文还有一处错误，最后一句话"普罗米修斯——这位敢于从天上拿取火种的英雄，终于获得了自由。"中"这位"去掉更恰当。

师：希望同学们以后要敢于向权威挑战，敢于发表自己认为正确的观点。下课！

【学习笔记】培养学生实事求是的科学精神，培养学生批判性阅读技能，是贾老师特别想教给学生的，因此他专门设计了第五个部分。让学生明白课本不是神圣的，课文内容也可能会出错，在学习过程中勤思考，多质疑，是好的阅读习惯。

研读感悟

贾老师教《普罗米修斯》这篇课文，体现了他一贯的教学理念。（1）从教课文到教学生学习语文。贾老师最反对把语文上成其他课，上成"伪语文"，贾老师经常说，课文只是一个例子，要凭借课文来教学生学好语文。如第4部分组织辩论赛，贾老师让学生从课文中找出具体语句来证实自己的观点；使用关联词"既……又……"，把这两种观点联系起来。这就将辩论赛这种练习形式牢牢地锁定在语文范畴，而不是旁逸斜出，越出语文的疆域。（2）教材只是教学的材料。贾老师对教材，特别是课文非常熟悉，很多课文都可以张口就来，全文背诵。可是贾老师不迷信、不神化课文、教材，只是把它作为教学的材料。贾老师追求的是创造性地使用教材，通过教材来设计听说读写活动，让学生在活动中提高语文素养。（3）教学生通过活动、体验来理解语言文字。贾老师教课文的语言文字，绝不空对空，一定要想方设法让学生获得真切的体会、感受，获得语言文字背后的"所指"，并将自己真切的体验融入已有的经验系统中去，从而产生"滚雪球"的效应。贾老师的语文课给人的感觉是真实、朴素、扎实。

附 课文原文

普罗米修斯 *

　　很久很久以前，地面上没有火，人们只好吃生的东西，在无边的黑暗中度过一个又一个长夜。就在这时候，有一位名叫普罗米修斯的天神来到了人间，看到人类没有火的悲惨情景，决心冒着生命危险，到太阳神阿波罗那里去拿取火种。

　　有一天，当阿波罗驾着太阳车从天空中驰过的时候，他跑到太阳车那里，从喷射着火焰的车轮上，拿取了一颗火星，带到人间。自从有了火，人类就开始用它烧熟食物，驱寒取暖，并用火来驱赶危害人类安全的猛兽……

　　众神的领袖宙斯得知普罗米修斯从天上取走火种的消息以后，气急败坏，决定给普罗米修斯以最严厉的惩罚，吩咐火神立即执行。

　　火神很敬佩普罗米修斯，悄悄对他说："只要你向宙斯承认错误，归还火种，我一定请求他饶恕你。"

　　普罗米修斯摇摇头，坚定地回答："为人类造福，有什么错？我可以忍受各种痛苦，但决不会承认错误，更不会归还火种！"

　　火神不敢违抗宙斯的命令，只好把普罗米修斯押到高加索山上。普罗米修斯的双手和双脚戴着铁环，被死死地锁在高高的悬崖上。他既不能动弹，也不能睡觉，日夜遭受着风吹雨淋的痛苦。尽管如此，普罗米修斯就是不向宙斯屈服。

　　狠心的宙斯又派了一只凶恶的鹫鹰，每天站在普罗米修斯的双膝上，

　　★ 本文选自人教版四年级下册。

用它尖利的嘴巴，啄食他的肝脏。白天，他的肝脏被吃光了，可是一到晚上，肝脏又重新长了起来。这样，普罗米修斯所承受的痛苦，永远没有尽头了。

许多年来，普罗米修斯一直被锁在那个可怕的悬崖上。

有一天，著名的大力神赫拉克勒斯经过高加索山，他看到普罗米修斯被锁在悬崖上，心中愤愤不平，便挽弓搭箭，射死了那只鹫鹰，接着又用石头砸碎了锁链。普罗米修斯——这位敢于从天上拿取火种的英雄，终于获得了自由。

四年级

《"我不怕鬼"》课例品读 *

第一课时

一、课题导入，介绍鲁迅

师：上课。

生：老师好。

师：小时候，父亲对我说得最多的话，是做人要老老实实；上学后，老师对我说得最多的话，是写字要认认真真。做人老实也好，写字认真也好，说的都是一个道理：人生短暂，我们要走好人生每一步。于是我写字认真了，读书刻苦了，今天就成为一个光荣的小学老师。下面看老师在黑板上写一个字，老师怎么把这个字写工整，写漂亮的。（师一笔一画写"鬼"字。）

师：撇，竖，横折，这里要顿一顿，横，然后再一横封口，一撇要长一点，最关键的是竖弯钩，撇折点。这个字念什么？

生：鬼。

师：声音要响，口齿要清。

（生齐读。）

师：集体读要轻，短促一点。

师：数数看，这个字有几笔？

生：9 画。

师：谁再来说，我问的是鬼字有几笔。

生：鬼字有 9 笔。

师：两个小朋友的答案是一样的，但我显然喜欢这个小朋友的回答，回答完整，是对老师的尊重。如果用部首查字法，要找到这个字，查什么？

生：查撇。

师：你和贾老师犯了同一个错误。起先，我查这个字，就查撇，但总也查不到，看来错了。

生：查鬼部。

师：对的。跟老师一起念。鬼，见过吗？

生：没。

师：没见过，怎么会有这个字？原来，当人们对一种自然现象，打雷啊，刮风啊，地震啊，海啸啊……不清楚的时候，他们就以为，世界上有个神仙在主宰着一切，人活着做好事一生，死了以后，上天堂成仙；做坏事，下地狱做鬼。

【学习笔记】课堂如舞台，台上一分钟，台下十年功。课堂上，老师的"一招一式""一举一动"都是教育。贾老师非常注重课堂上每一个细节，包括每一个汉字的吐字发音，每一个汉字的书写，他都追求精益求精，都做到一丝不苟，可谓细节处见精神。所以贾老师哪怕只教一个"鬼"字，浓郁的人文气息也扑面而来，总是让人回味悠长。我总觉得真正的语文教育是有生命、有魂的，真正的语文教师就需要用语文的生命、语文的魂去"滴灌"学生的心灵。

师：据说鬼的品种还不少呢，有大头鬼、小头鬼、吊死鬼、落水鬼……还说鬼的形象也有很多，总之鬼是面目狰狞，所以人们都怕鬼，谈鬼色变。（板书：怕）

（生齐读"怕鬼"。）

师：这是有神论者，也有的人是无神论者，无神论者不相信世上有鬼，所以他们是不怕鬼的。（板书：不）

师（指"不怕鬼"。）：一起念，读的时候轻一点。

（生齐读"不怕鬼"。）

师：你知道这里的"我"是指谁吗？

生：鲁迅。

师：要把话说完整。

生："我"是指鲁迅先生。

【学习笔记】仅用了两个来回，就将语文课"工具性与人文性的统一"的特点诠释得淋漓尽致，将教学的教育性原则表现得完美无缺。将学生随口而出的"鲁迅"，提升为"鲁迅先生"，多少人文内涵、多少文明修养蕴含其中。"要把话说完整""'我'是指鲁迅先生"，一问一答，学生不仅学会了正确称呼鲁迅先生，还学会了把话说完整。真正的语文教学，不就是这样的吗？真正的语文教学，要内化为素养、教养，外化为能力、交往。语文教学的关键，不是那个课本，而是用课本教的人，是教师语文修为，是教师创造性的教学。

师：鲁迅先生是旧时的一个知识分子。

（教师出示投影：鲁迅画像。）

师：对鲁迅先生你知道些什么？

生：鲁迅先生原名是周树人。

生：鲁迅出生在浙江绍兴。写过很多著作。

生：我知道鲁迅有两个兄弟，一个叫周建人，一个叫周作人。

生：我知道鲁迅写过狂人日记。

生：我还知道鲁迅弃医从文。

生：我还知道鲁迅先生有很多文学著作。

【学习笔记】贾老师在展示鲁迅画像之后，提出了一个开放性的问题，"对鲁迅先生你知道些什么"，瞬间有6个学生从不同方面介绍了鲁迅先生的情况。可见先呈现画像，然后提问，效果很好。在学生介绍完之后，贾老师出示投影"鲁迅生平简介",随即精要介绍鲁迅的基本情况,最后落点在交代这篇课文的写作背景:"这篇课文写的是鲁迅先生从日本留学回来之后发生的一件事。"可谓收放自如,紧扣文本教学。

教师出示投影(鲁迅生平简介)

浙江绍兴人,童年就读私塾。1902 年赴日本学医,后弃医从文,创作了许多优秀的文学作品。他是中国伟大的文学家、思想家和革命家。

师: 鲁迅先生原名周树人,浙江绍兴人,1902年赴日本学医,什么叫"弃医从文"?毛主席称他为伟大的文学家、思想家和革命家。1936年,55岁的鲁迅因病在上海去世。今天学的这篇课文写的是鲁迅先生从日本留学回来之后发生的一件事。

二、范读课文,学习生字

师: 请打开课文,听老师把课文读一遍。然后自己把课文读一遍。

(师读,之后学生自由读文。教师巡视。之后,表扬三个人:一个读得抑扬顿挫,一个边读边带有表情,另一个读得很流畅。)

【学习笔记】学生自由读课文,贾老师也没闲着,他认真倾听每一位同学的朗读,找到"典型""榜样",然后当场表扬。这个教学小片段至少有 3 点可圈可点:(1)学生自由朗读之前,贾老师的领读,有引导作用；（2）学生朗读，贾老师当场评价，积极反馈，对学生朗读有激励作用，通过树立榜样，也有利于引导学生相互学习；（3）贾老师的评价有特色，不泛泛而谈，从行为表现出发，直接提炼不同学生各自的特点，广而告之。

师：课文中有 12 个生字，谁能读一下？

教师出示课件：

fén	dān	lín	zhì	zá	héng
坟	耽	鳞	桅	杂	横

再出示课件：

huàn	jiè	jù	dì	shang	dào
幻	介	距	蒂	裳	盗

（指名学生读生字。）

师：这个小朋友读得很好，声音很响亮。

（另一生读。）

师：你读得真好。

（另一生读。）

师：谁能把 8 个生字都读一遍？

（生读。）

师：读得真好。谁能把 12 个生字都读一遍，像她读得一样好？

（生读。）

师：很好。我们一起来念。读得短促一点。

（全班齐读 12 个生字。）

【学习笔记】书声琅琅是语文课堂的特点，也是贾老师课堂教学的特色，哪怕是作文课，贾老师的课堂也是书声琅琅。贾老师指导学生朗读，不走过场，不流于形式，遵循学生的认知规律，精心设计。上面的朗读教学片段，从老师读全文开始到个体学生读 12 个生字结束，呈辐射、扩散状态。中间经过全体学生自由朗读、老师点评，老师分两批依次出示12个生字，然后由一个个学生逐渐加码式朗读生字，老师逐个指导，最后以全班齐读12个生字收尾。这种语文教学将中国基础教育的特色形象地呈现出来了，即语文基础知识教得实实在在，语文基本技能教得扎扎实实。学生的个性差异、学生的主体地位都得到了充分的尊重，教师的指导作用发挥得淋漓尽致。

师：大家看这个"幻"字，一般都这样写——（第二笔太高或最后一笔太直）这样写很不好看，应该这样——（示范写：第二笔放低，最后一笔起笔低一些，折要顿笔，收笔要有力。）

在作业本上写两个"幻"字，坐正，看谁写得漂亮。

【学习笔记】朗读训练结束之后，安排一个小插曲，要求学生练习写"幻"字，然后过渡到下面的读词解词学习环节。这样教学节奏显得比较舒缓，读读写写，学生也不会觉得枯燥、单调。此外，书写汉字练习，也是贾老师非常看重的事情。有难写的字，常常指导学生练习。

师：如果把这些字放到词语里面，你会读吗？

【学习笔记】通过一个问题的形式，贾老师顺势就将教学过渡到下一个环节，由习字转向学习成语。

师出示课件：鳞次栉比
　　　　　　毫不介意
　　　　　　原形毕露
（指名读三个词语。）
师：什么叫鳞次栉比呢？

生：鳞是鱼身上一片片的鳞片。

师："栉"是什么意思？

生：我记得是梳子上的齿。

师：对了，梳子上的齿叫"栉"，那"鳞次栉比"是什么意思呢？像鱼身上的鳞片，像木梳上的齿，高高低低，整齐排列。比如，一进上海，一幢幢高楼大厦鳞次栉比，一派大都市的景象。

【学习笔记】贾老师教成语：（1）学生正确朗读成语；（2）让学生解释关键"字"；（3）教师总结归纳；（4）教师举例说明。在向学生解释成语意思的时候，贾老师的话语非常有画面感，契合小学生偏重形象思维的特点。

师："毫不介意"的意思是——

生：一点儿也不介意。

师："露"又是什么意思呢？

生：露出来。

师：对，就是暴露。这个字还有一个读音念——

生：lòu。

师：什么时候读 lòu？这里读什么？那"原形毕露"的意思是——

生：就是全都暴露出来了。

师：字认识了，词懂了，让我们来读一读课文。

【学习笔记】"字认识了，词懂了，让我们来读一读课文"，这是边教边评，从而达到稳步推进的效果。贾老师具有教学评价的自觉意识。

三、初读课文，了解内容

（学生自由读文。）

（师板书：一、读课文，按小节读。）

师：请你在每个自然段前面写上小节号。

生：这篇文章有 11 个小节。

师：请你任选一个小节来读。

【学习笔记】"请你任选一个小节来读"，类似这样的教学语言在贾老师的课堂上比比皆是。这实际上是在一定范围内给学生学习的选择权，尊重学生的个体差异。在大的方向上，贾老师再来把关。

生：我读第 7 节。（生读。）

师：读得很流畅，很好。

生：我读第 2 节。（生读。）

师：注意，前面是朋友说的，后面是母亲说的，该怎么读。

（生读。）

师：你读得真好！

（另一生读。）

师：刚才的三位小朋友，第一个音色很美，像播音员。第二个、第三个错了两次，但都自己进行了纠正。

【学习笔记】在多位学生朗读之后，贾老师往往会对学生的表现做个小结，积极鼓励，及时反馈。实践证明，这个教学方法效果很好。

师：这篇文章由 11 个小节构成，主要写了人物的对话。写人物的对话有四种形式，第一种：提示语在前。（师板书：说 ×××）

第二种：提示语在后。（师板书：××× 说）

第三种：提示语在中间。（师板书：××× 说 ×××）

第四种：就是不需要写"说"。

请一个小朋友上来，在"说"字后面加上标点符号。

（生加：冒号、引号、逗号、句号。）

师：什么时候用第四种形式呢？不需要写，读者不会混淆。

【学习笔记】贾老师介绍写人物对话的四种形式，这属于书面表达方面的陈述性知识，规则类知识。然后指导学生练习、掌握，首先练习的形式是分辨、识别，做朗读练习。

师：哪个小节里有人物的语言？请你读一读。

生：我读第 3 小节。（生读。）

师：你读得真好，比刚才那位同学还好。还有写人物语言的段落吗？

生：我读第 4 小节。（生读。）

师：请你只找第一种形式的对话读一读。

生：我读的话在第 11 小节。（生读。）

师：这些都是写人物语言的，读好了语言，就知道他是怎么想的，俗话说：言为心声。再来读一读鲁迅这句话："伯母"，鲁迅微微一笑说："我不怕鬼。"（生读。）

师：我们把这句话变成第一种形式。鲁迅说……（生读。）

师：再把它变成第二种形式来读一读。……鲁迅说。（生读。）

师：这样一来，文章就生动多变了。文章既然写鬼，那么文章写鬼的模样的句子找出来。

生：写鬼的模样的在第 7 节。

师：第 7 节里面有鬼，听着。（生读。）

生：鲁迅见那个白影一会儿大，一会儿小，一会儿高，一会儿低，就像民间传说中的"鬼"。

师：还有吗？

生：描写鬼的句子在第 9 小节。等他走到那个白影旁边，白影忽然缩小了，蹲下了，一声不响地靠在一个坟堆上。

师：还有吗？

生：鲁迅定神一看，原来是个披着白衣裳的盗墓人。

师：还有。

生：还在第7小节，忽然，他发现远处有一个白影，再仔细一看，那白影一晃不见了。

师：真好，我就喜欢你，哪个小朋友把第一次、第二次、第三次、第四次读出来。

生：第一次，忽然，他发现远处有一个白影，再仔细一看，那白影一晃不见了。

师：这是第一次，第二次呢？

生：鲁迅见那个白影一会儿大，一会儿小，一会儿高，一会儿低，就像民间传说中的"鬼"。

师：越来越可怕了，第三次？

生：等他走到那个白影旁边，白影忽然缩小了，蹲下了，一声不响地靠在一个坟堆上。

师：第四次有吗？

生：鲁迅定神一看，原来是个披着白衣裳的盗墓人。

师：谁能把描写鬼的句子一句一句地读下来？第一句、第二句、第三句——（生接读。）

师：这些都是描写鬼的句子，读好了，能帮助我们理解课文的意思。

师：一起读课题。

（生读：我不怕鬼。）

师：我们读了课文，学了生字，学到这里，有几个小朋友给我印象很深，这个小朋友说了很多，不怕说错。这个小朋友很沉稳，他说话慢条斯理，这个小朋友读得很好。我们休息十分钟，待会再学习。

四年级

【学习笔记】贾老师指导学生，从把握语言表达的形式过渡到品味表达的内涵、情感，并找出课文中关键性的句子，让学生来练习把握，通过变式练习来比较、品味，从而把这个练习落到实处。朗读、品味这些关键性句子，更主要的是为理解课文服务。然后由前面这些关键性句子，引导学生来理解课文标题包含的意思、情感。

第二课时

一、精读课文，理解内容

师：我喜欢这个孩子的眼睛，眼睛看着别人，代表你对别人的尊重。

师：小朋友学得真认真，读得越来越好，我们一起把课题再读一篇。（生读。）

师：轻一点。（生读。）

师：再来。（生齐读。）

师：老师把题目写对了吗？为什么？

生：缺了引号。

师：为什么要在这句话上加引号呢？

生：这是鲁迅说的话。

师：那你读一读。

（生读。）

师：课文中这句后面还有个句号，为什么这里不写？

生：题目是个提示，不用加句号。

师：对，题目句尾一般情况下不加句号。

师：这个题目到底应该怎么读呢？重音落在哪个字上？哪种读法正确？为什么？

生：我认为应强调"不怕"。

师：为什么一个字、一个字地读不对呢？

生：太拖泥带水了。

师：强调"我"对不对？

生：不行，否则就变成了"我不怕"，其他人都怕。

师：对，那就不符合人物的身份了。那为什么强调"鬼"也不行呢？

生：那就变成了除了鬼，什么都怕了。

师：对，可能怕苍蝇、怕蚊子……（生笑）

【学习笔记】这一段很精彩，将"我不怕鬼"简简单单的几个字教出了语文特色。语文课，就是学生不会朗读，教学生朗读到位；学生理解有偏差、肤浅，教学生理解的方法、策略，从而帮助学生理解到位、理解深入，进而举一反三；学生不喜欢语文，培养学生语文学习兴趣，养成语文学习习惯。诸如此类，学生在语文领域不会的、不懂的、没有兴趣的，语文教师教会、教懂，教得有兴趣。这就是语文课堂要解决的问题，这也就是语文教师专长、价值的体现。

（师出示：夜_____了，_____在返城的路上，经过_____。）

师：根据课文的意思，请你来填一填。

生：填"深"。

（师示范写"深"字。）

师："深"字在字典中有12个意思，其中有三个意思是这样的：

（1）跟浅相反；

（2）内容很深奥；

（3）时间很晚。

课文中的这个"深"字是哪种解释？

生：应是第三种。

师：请你从课文中找根据。

生：我从第二自然段中看出，天已经太晚了。还从第五节看出时间晚。

四年级

生：我从第二节"鲁迅看时间不早了，赶紧告辞"看出，时间很晚了。

生：我从第四节"朋友实在留不住鲁迅，只好打着灯笼一直送他到路口"中"打着灯笼"看出，时间很晚了。

师：谁在返城的路上……

生：鲁迅

师：经过……

生：一片坟地。

师：谁能把这部分有感情地读好？

生：夜深了，鲁迅在返城的路上，经过……

【学习笔记】这是非常出彩的一个教学片段。贾老师"就地取材"，从课文出发，创造性地转化学习内容，将课文第 2-6 自然段，提炼概括出"夜____了，_____在返城的路上，经过_____"这句话，以这句话为抓手，让学生在练习中理解、把握这 5 个自然段的意思。其中，"深"字的教学有 3 个亮点：（1）贾老师从字典中"深"字的 12 个意思筛选出 3 个义项，供学生选择、判断；（2）对学生的回答，贾老师并不作对错判断，只是抛出一句话"请你从课文中找根据"，然后学生从第二、四节中找到了有力证据，自然也就明白了答案；（3）这里不仅教了知识，更重要的是教给学生如何理解课文关键字词的方法，从辞典中找相关义项，然后结合课文语句、语境综合判断。在充分展开的基础上，最后请学生有感情地朗读这句话，收尾干脆、利落。

（师再出示：忽然，他发现_____就_____，定神一看，原来是_____。）

师：老师做几个动作，你来填。

（师做扔烟蒂、大步走、狠踢一脚的动作。）

生：忽然，他发现远处有一个白影，就扔掉手中的烟蒂，向那个白影疾步奔去，又朝那个白影狠狠地踢了一脚。定神一看，原来是披着白衣裳的盗墓人。

师：不错，谁再试试？

生：忽然，他发现远处有一个白影，就猛然扔掉手中的烟蒂，疾步奔向那个白影，朝那白影狠狠地踢了一脚。定神一看，原来是披着白衣裳的盗墓人。

师：哪位小朋友能把这两句话连起来说一说？

生：（很完整，有感情）忽然，他发现……

师：为她鼓掌。

【学习笔记】这一部分的教学思路与前面的类似，不过教学方式有所变化，如贾老师在出示题目之后，做了几个动作，让学生来填写。这样教学过程不仅显得生动活泼，学生兴趣盎然，而且也激活了学生的形象思维。

师：夜深了表示时间，经过一片坟地，这是地点，时间、地点、人物都有了，构成了这个故事。这两句话跟这篇文章有什么关系呢？

生：这就是这篇文章的主要内容。

师：对了，这篇文章的主要内容是什么？

生：夜深了，鲁迅发现远处有一个……

师：这个主要内容说明了什么？

生：我不怕鬼。

【学习笔记】这里点明了贾老师精心设计前面两个练习题的用意所在，显然学生是心领神会了。另外，贾老师注意随时将有关知识渗透在教学过程中，这也非常值得称道。语文教学要讲究知识含量，这是提高教学质量的关键点之一。

四年级

二、质疑问难，拓展延伸

师："我不怕鬼"，这是课文的中心。老师讲过吗？写文章要围绕中心写，和文章中心有关的话要写，和文章中心无关的话要写吗？一个字都不要写。这篇文章，是不是围绕"我不怕鬼"这个中心来写的？一共 480 个字，每一句话，每个标点，每一个段落，都是和"我不怕鬼"有关的吗？你们有问题要问吗？

【学习笔记】贾老师在阅读教学的基础上，顺势提炼出相关的写作知识，这种读写结合的理念，情境化的教学处理非常值得称道。一般老师在教学过程中比较局限于"孤立教学"，思维的延展、知识的勾连、知情意的融通比较忽视。

生：我想问写鲁迅从日本留学回来一段好像跟"我不怕鬼"好像没关系。

师：鲁迅学的是西医，学解剖尸体，每天都做，所以不怕鬼。另外，他在师范学校里教书，老师会迷信吗？

生：我想问：第 6 节，（生读）这段跟我不怕鬼有什么关系吗？

师：这段是景色描写，月色好，月色好，就看得清楚，这跟文章的哪部分内容有关系？

生：跟这段有关"……一会高，一会儿低……"

师：课文中的哪个段、哪个标点，是不是都和"我不怕鬼"有关系呢？

【学习笔记】质疑问难，拓展延伸。贾老师的一句话，"你们有问题要问吗"，开启了一段宝贵的批判性思维培养片段，后面的教学进程随即顺着学生的理解而展开。学生围绕着课文中的每一个部分是否都与"我不怕鬼"这个中心有关来质疑、反思，他们从自己的阅读经验出发，表达了自己的想法，贾老师一一点拨启发，加深了学生对课文的理解。"设计质疑的环节，意在培养学生的批判性思维，培养学生的创新意识。

从质疑引出与本课有关的课外知识，可以拓展学生的知识面，引发进一步探究或阅读的兴趣，使语文教学由课内，延伸到课外，延伸到更广阔的生活空间。"*

这启发了我们，即使最有名气的老师也不是"权威"，而是与学生结伴行走在探寻真理的路上的同行者。阅读不仅仅是"输入"，高层次的阅读是读者与作者平等的对话，是思维的砥砺、人格修养的濡染。好的阅读教学不能止步于理解文本，还需要培养学生独立思考、批判性思维，要鼓励学生发现问题、提出问题。简要言之，好的教学不是让学生"拜倒""跪下"，而是"立人"，是在更高、更新的平台上发展自己。

（师指名回答。）

生：鲁迅已经看到了那个白影，但根本不拿它当回事，所以看出鲁迅不怕鬼。

生：鲁迅说"伯母……"，还有"微微一笑"，说明不怕鬼。

【学习笔记】这个学生很聪明，发现了神态描写背后的隐含意义，进入到文章更深的层次。

生：第8节"鲁迅决心看个究竟"，第9节"……狠狠地踢了一脚"，这里说明别人不敢踢，鲁迅却敢，说明他不怕鬼。

生：鬼被鲁迅踢得嗷嗷叫，说明他根本不怕鬼。

生：我从鲁迅迈着"流星大步"看出他不怕鬼。

师：什么叫流星大步？

生：就是迈开大步，很快地走。

生：第5节，"鳞次栉比……"说明环境很可怕，但鲁迅却迈着流星大步，说明他不怕。

★　引自贾志敏《〈"我不怕鬼"〉教案》。

【学习笔记】这个学生也很聪明，真正读懂了"流星大步"。结合上下文来理解关键词语，也是学生应掌握的阅读策略。

生：我是从"何况已是深更半夜了呢"中看出鲁迅不怕。

生：我还从"鲁迅使足全身力气，朝白影狠狠地踢了一脚"和那鬼"被踢得嗷嗷直叫"看出鲁迅不怕鬼。

师：看来不是鲁迅怕鬼，而是反了过来，变成了"鬼怕鲁迅"。

【学习笔记】贾老师的小结很有趣，语言风趣幽默。

生：不是鲁迅被白鬼吓得叫，而是鬼被鲁迅踢得嗷嗷叫，这也说明鲁迅不怕鬼。

生：鲁迅"定神一看"，别人都不敢看，鲁迅还要定神一看，说明他不怕鬼。

生：鲁迅看到"白影"，非要看个究竟，说明他不怕。

生："……不会耽误上课的"这里说明伯母都怕鬼了，可鲁迅却不怕。

生："鲁迅想，这大概就是……"从中看出鲁迅是毫不介意的。

生：第7节中，"……一会儿……一会儿……"这里有个引号，表明鲁迅根本不怕鬼。

生：请大家看第11节，"……他笑着对朋友说……"如果他怕就会哭着说，不会笑着说。

生："……幻觉……"说明鲁迅根本不怕，才说是"幻觉"。

【学习笔记】贾老师的一个小问题，引来了8位同学连珠炮式的回答。积极踊跃的背后，反映出贾老师这个问题问到了学生的兴奋点上。好的问题设计，一方面要关联课文的中心、重点，另一方面要关注学生的经验、思维。从学生的回答内容来看，学生已经学会了将自己的生活经验参与课文理解的阅读策略。课文是人（作者）情感、经验及思想的结晶，真正的阅读需要调动自己的生活经验，借助课文来与作者对话、交流。

师： 这个故事的中心就是要告诉大家"我不怕鬼"。为什么要加引号呢？

【学习笔记】贾老师在点拨、提示。学生阅读过程中的盲区，需要老师提醒、指导，这个过程也是提高学生语言敏感性的必要环节 。

生：引用课文中的句子。
（师擦去引号。）
师："我"是谁？（生说：鲁迅。师擦掉"我"。）
师：课文讲的是鲁迅不怕鬼。（擦掉"不怕"）
师："鬼"字有几笔？鬼字还派生出很多有意思的句子。请你读一读。

【学习笔记】这与导入环节教授"鬼"字相呼应，下面是拓展部分的内容，由前面的字、词层面升级到句子层面，由"鲁迅不怕鬼"1个句子，扩展出9个句子，极大丰富学生对"鬼"字的语言感受，同时也体现了"基于语言文字运用"的语文课程理念。

师出示课件：
1. 你这个小鬼！
2. 你这个孩子真鬼！
3. 他想出了一个鬼点子。
4. 这个人鬼鬼祟祟的，准不是个好东西！
5. 日本鬼子进村了！
6. 让他见鬼去吧！

四年级

7. 鬼才信他的！

8. 别听他的鬼话！

9. 他整天在外面鬼混，真没出息。

师：这些句子中的鬼都是什么意思呢？

（指名学生读每一个句子，读后说出自己的理解。）

【学习笔记】请学生先朗读句子，然后说出自己的理解。这个先后顺序，反映出贾老师对现代语文的理解，通过朗读来加深体验，表达上力求每一位学生都有自己独特的理解。

生："你这个小鬼"，"鬼"是"小机灵"的意思。

生："你这个孩子真鬼！"，"鬼"是调皮的意思。

生："鬼点子"是不好的、馊主意、坏点子。

生："这个人鬼鬼祟祟的，准不是个好东西！"偷偷摸摸、不正常。

生："日本鬼子进村了！"

师：为什么这里叫日本人是鬼子呢？

【学习笔记】贾老师这是"明知故问"，借助问题来诊断学情，启迪思维。

生：因为日本人侵略中国，中国人痛恨他们。

师：所以——

生：把他们称为鬼。

生："让他见鬼去吧！"这句就是"让它去死吧！"

生："鬼才信他的！"就是"没人信"的意思。

生："别听他的鬼话！""鬼话"就是瞎话，就是骗人的话，就是胡言乱语。

生：“他整天在外面鬼混，真没出息。”这里的鬼混是在外面不正经。

师：你能不能用“鬼”字，说个句子。

【学习笔记】拓展练习，着意在学生的语言文字应用能力。联系前后文，从理解“鬼”这个字，到学习“大头鬼”“吊死鬼”等词；从揣摩“我不怕鬼”这1个句子，到理解“你这个孩子真鬼”等9个句子；最后要求学生运用“鬼”这个字来造句，一步步教会学生使用新的字词，提高驾驭汉语汉字的能力。学生的语文能力，就是在推敲汉字的过程中练就的。

生：你这个酒鬼，就知道喝。

师：这鬼什么意思？

生：我们和日本人和好了，见到他们千万别叫日本鬼子。

生：今天春游却下雨，真见鬼。

生：我给你钱，你却上网吧玩，你这个吸血鬼。

师：这是你妈妈说的吧？吸血鬼太言过其实了。一般都是指的那些放高利贷者。那么鬼有没有呢？

生：没有。

（师擦掉“鬼”字。下课。）

【学习笔记】上课伊始，贾老师将“我不怕鬼”几个字从后到前一一板书，课也就随之徐徐展开；上课结束时，贾老师将这几个字按照教学次序，依次擦除，也就下课了。如此教学设计，全在贾老师的胸襟。胸有成竹，教学才可以“指挥若定”，这就是教学艺术。

研读感悟

1. 贾老师从课文标题及作者导入，切入点很普通，可是教法不俗，好些细节都充分体现了语文工具性与人文性的统一，展示了语文的魅力，充分调动了学生的积极性，教得漂亮！这个部分的教学节奏感也非常好，从写课文标题最后一个"鬼"字进入，到齐读"鬼"字为节奏一；然后板书"怕"，到齐读"怕鬼"为节奏二；板书"不"，到齐读"不怕鬼"为节奏三；最后板书"我"，连起来齐读"我不怕鬼"。贾老师牵引着全班学生踩着节拍，踏着节奏，深度理解了课文标题，为解读课文做了多方面的铺垫，适应学生的接受能力。

2. 微观教学设计显现真功夫。从微观层面看，我们会发现贾老师的教学设计很有创意。譬如教课文标题，贾老师从"鬼"——"怕鬼"——"不怕鬼"——"我不怕鬼"，一步步展开，好像用慢动作将课文标题一点点打开，烙印在学生的心灵世界。更精彩的是，贾老师抓住一头一尾做文章，首先抓住"鬼"字，结合学生经验，从形音义角度打开，教出了"鬼"的文化意味，为理解文本做了铺垫；最后抓住"我"这个点，转向对作者及写作背景的介绍，先发散再收束，图文并茂，教法灵活。另外，贾老师的板书也值得细细品味。总之，短短的导入环节，确有丰富的语文内涵，呈现了语文学科的特色。

3. 传统语文教学方法贵在传承。传统语文教学方法不一定就不好，创新的也不是都好。课文第二部分的教学序列由识12个生字开始，到学习3个成语，然后在生字词疏通基础上，引导学生一起来学习课文，学生自由读课文，在每个自然段前标小节，教师板书提示，引导学生有条不紊地推进课文学习。从教学思路来看，这个教学片段没有什么创新，属于语文教学的传统做法，老师循序推进，随时指导、示范；学生积极参与，师生互动。学生的主体地位贯穿始终。从教学效果来看，学生学得扎扎实实，学习兴趣、学习体验都不错。可见，语文教学不一定样样创新，传统语文教学方法也始源自无数教学经验的总结，关键是老师要从学生学习实际出发，正确地去运用方法，不走形式。

4. 采用多种形式让学生将课文读通、读熟，这是理解课文的重要前提。"自选一个自然段"来读，可以让不同层次的学生都有表达的机会，促进学生的自主学习。读"描写鬼的段落"、读"不同人物说的话"，使学生在读中有所思考，在进一步熟悉课文的同时，能够理清课文思路，了解篇章结构。"变换课文中的对话形式"读课文，则不仅仅是熟悉课文，而且在熟悉课文内容的同时，学习语文知识，内化课文语言，练习表达，提高运用语言的能力。

5. 引入"围绕中心组织材料"的写作知识，通过精读，使学生了解作者是如何抓住重点，有层次地写清楚一件事的写作方法。这样，既突破了本课的教学难点，又将阅读与写作结合起来，读中学写，凸显了阅读教学的实效性。

在学生交流、讨论的过程中，教师引导、梳理学生的发言，将课文重点段归纳出三个层次，并让学生按三个层次展开想象，复述课文内容。这样的设计，便于学生自主学习，对复述课文内容做好充分的铺垫，有利于突出教学重点，完成教学任务。

附 课文原文

"我不怕鬼"*

鲁迅从日本留学回来，在故乡的一所师范学校里教书。

---

* 贾志敏老师教这篇课文时，使用的是上海S版小学语文四年级教材，但现行的沪教版四年级教科书未收入此文，S版语文第十册中收入此文。

有一天晚上，鲁迅到朋友家里去谈天，不知不觉谈到了深夜。鲁迅见时间不早了，赶紧告辞。这时，那位朋友的母亲从后屋出来，对鲁迅说："这几天坟地那儿有人撞到了鬼，今天太晚了，你就住一宿，明天清早赶回城去，不会耽误上课的。"

"伯母，"鲁迅微微一笑说，"我不怕鬼。"

朋友实在留不住鲁迅，只好打着灯笼一直送他到路口。

朋友家离县城有几里路，不算太远，但必须穿过一片坟地。一座座土坟鳞次栉比地排列在那里，杂草丛生，野狗出没。就是白天也给人一种荒凉冷落的感觉，更何况现在已是深更半夜了呢！

这一夜月色很好，横穿坟地的小路安静地躺在月光下，没有灯笼也看得很清楚。这倒方便了夜里赶路的人。鲁迅迈着流星大步，穿入坟地。

忽然，他发现远处有一个白影，再仔细一看，那白影一晃不见了。他想，大概是幻觉吧，便毫不介意地继续大步前进。走了几步，忽然又见那个白影，由于距离比刚才近一点，因此，看得更真切。鲁迅见那白影一会儿大，一会儿小，一会儿高，一会儿低，就像民间传说中的"鬼"。鲁迅想，这大概就是有人撞到的"鬼"吧！

鲁迅决心要看个究竟。于是，他猛然扔掉手中的烟蒂，疾步奔向那个白影。

等他走到那个白影旁边，白影忽然缩小了，蹲下了，一声不响地靠在一个坟堆上。鲁迅使足全身力气，朝白影狠狠地踢了一脚。

"哎哟！"那白影被鲁迅踢得嗷嗷直叫。鲁迅定神一看，原来是个披着白衣裳的盗墓人。

第二天，鲁迅又到那位朋友家去，他笑着对朋友说："昨天，我在坟地里撞到了鬼，但我一脚就使它原形毕露了。"

五年级

《母亲的鼓励》课例品读 *

一、故事蓄情，巧引课题

师：听你们老师介绍，咱们班同学的字写得特别漂亮。告诉我，谁写得最好？（让被推荐的两个学生到黑板前板书，其他学生被要求注意观察书写之笔顺与字的结构。）

师：（对一位同学说）请你写世界上最伟大的人的名字——"母亲"。（一个学生板书：母亲）

师：（对另一位同学说）请你写人与人之间交往时最需要的手段——"鼓励"。（一个学生板书：鼓励）

（学生在书写过程中，老师对学生的书写进行即时点评。）

（指名读"母亲"和"鼓励"。）

【学习笔记】从真实的师生交谈互动切入，让学生推举两位全班字写得最好的同学，请他们分别在黑板上书写"母亲"与"鼓励"四个大字。这个教学片段虽然极短，可是却给人内心的温暖与力量，可谓一出手就不同凡响。从功能来看，既揭示了课题，又让学生示范了写字练习，传递了写字的重要价值，还为理解全篇做好情感铺垫。另外采用这种形式导入，本身也是积极的评价、鼓励。

师：我们每个人的生命来自于母亲，母亲是世界上最伟大的人。她生我们、养我们，把一切都献给了我们。所以有人说，"母亲的怀抱是最温暖的""母亲给予我们一切"……

学着老师说的，也说一两句诗意、深情的赞颂母亲的话。

五年级

＊　本课例由贾志敏老师提供。

【学习笔记】贾老师是语文小练习设计的高手，切合课文主旨、符合课堂情境及适合学生学习的语文小练习可谓信手拈来，像变戏法一样想变就变出来。这个语文小练习非常切合课文主旨，又符合课堂前后的情境，学生又喜欢，又有价值，因此质量非常高。贾老师首先示范说了一段"诗意的、深情的赞颂母亲的话"，然后提示学生模仿，要求也说"一两句诗意、深情的赞颂母亲的话"。这样的小练习，对学生来说易懂、易学，好操作。另外这个小练习既承前又启后，贯穿始终，在此起了情感铺垫的效果。

生1：母亲十分伟大。（师评价：可以。）

生2：母亲十分无私。（师评价：没错。）

生3：我用一首诗来赞颂母亲："慈母手中线，游子身上衣，临行密密缝，意恐迟迟归。"

师：《游子吟》，真好！

生4："春蚕到死丝方尽，蜡炬成灰泪始干。"

师：把母亲喻作春蚕。感人！母亲生育我们，养育我们，她给予我们的爱是不求任何回报的。

母亲，伟大在哪儿呢？举一个例子：

2008年5月12日14点28分，汶川发生大地震。顷刻间，山崩地裂，房倒桥塌。人们赶紧抢救埋在废墟下的人。当消防队员掀开一块水泥板时，发现下面竟躺着两个人：年轻的母亲怀抱着两岁左右的孩子。母亲死了，孩子还活着。这位母亲把生的权利让给了孩子。后来，在母亲的手机里发现这样一条短信：孩子，你活着的话，别忘了母亲。

你们也能举出这样的例子吗？

【学习笔记】围绕同一个主旨"母亲的伟大"，顺着前面的思路，灵机一变又生成一个优质的语文小练习，两个小练习犹如孪生小兄弟，结构类似，功能不同，相互为用。前面的一个重在说诗意、抒发深情的句子；后面的一个重在说具体、生动的事例。综合起来看，这两个语文小练习还具有思维训练的功能，从抒情到例证，促进学生形象思维的发展。

（学生没有任何反应。）

师：（见学生没有反应）我再举一个例子：

一个孩子的肝脏出了问题。医生说只有做肝脏移植手术，这孩子才能存活。但是，找不到合适的肝脏可换，唯有母亲的肝脏能与之匹配。遗憾的是，母亲的肝脏是脂肪肝，没有使用价值。医生说："你每天跑步，等肝脏脂肪消除了，也许能用上。"这位母亲就天天跑步，半年里跑坏了6双鞋，肝脏脂肪消了。终于，母亲的部分肝脏移植给了孩子，孩子得救了。

母亲赋予孩子的爱，就是这样的高尚、无私和伟大。

【学习笔记】关于母爱伟大的例子，贾老师心里存储的非常多，所以能够张口就来。这个例子真实、感人，更贴近学生的生活经验，显然激活了学生的生活积累，触发了学生的思想。于是学生开始接着贾老师的话头，来完成语文小练习。

师：谁接着说？你所了解到的有关"母爱"的事例——

生：有一位母亲为了给上清华大学的儿子筹集生活费，自己去捡垃圾。

生：有一个孩子身上长了过敏性黑痣，几乎全身都黑了。母亲为了拯救孩子，把自己肚子上的皮移植给孩子。

生：一位母亲为了提供在国外读书的女儿的生活费用，奔走了四个国家和地区打工筹款，可是她不通任何一国的语言。

（学生一齐读黑板上写着的"母亲""鼓励"两个词。）

（师在"母亲""鼓励"之间加上"的"字。指名读课题"母亲的鼓励"。）

五年级

【学习笔记】由请学生板书"母亲""鼓励"，到引导学生说"母爱的伟大"，既抒情，又举例，然后贾老师在"母亲""鼓励"之间加上"的"字，指名学生读课题"母亲的鼓励"。至此将课题"母亲的鼓励"自然而然地推出，真可谓独具匠心。这也体现了贾老师的教育理念，让教育意图在言传身教的过程中悄悄进行，让"好教育的种粒"在学生的心田自然生发。这一部分的人文熏陶，借助汉语言文字在学生的生命中自然而然地流淌，真正滋润着学生的心灵世界。从技术来看，这个导入环节反映了贾老师一贯的风格，抓住课文标题，逐渐分开，迂回前进，最终合拢、合成。另外紧扣母爱来延伸，看似偏题，实则是情感蓄势，为下面深入文本，深度理解主题服务，也有利于避免烦琐的分析。

二、点拨指导，扎实训练

（教师指着课前板书的三行生字和新词，让学生反复朗读。老师着重指导"捺"的读法。）

板书：

羡慕　黯淡　甜蜜　按捺

好动　妈妈

破天荒　两鬓斑白　悲喜交集

【学习笔记】贾老师常利用课前一点时间先将生字新词写好，由此可见贾老师课前做了周密设计，精心安排。贾老师备课时每个字、每个标点符号都不会放过。

师："好动"的"好"怎么读？怎么讲？

生：读第四声。"好"是喜欢的意思。好动，就是收不住心，喜欢动。

师：我喜欢看书——

生：我好看书。

师：这孩子喜欢逞能——

生：这孩子好逞能。

师：爸爸好运动——

生：爸爸喜欢运动。

（师指导读"妈妈"。生先跟着老师读，再一起读。）

师："妈妈"跟"母亲"指的是同一个人。它们之间有区别吗？

生："妈妈"是口头上喊的，"母亲"是书面上用的。

师：对，"母亲"属书面用语，"妈妈"属口头用语。打开书，看看"妈妈"这个词都用在哪些句子里？"母亲"又都出现在哪些地方？

【学习笔记】由"妈妈"与"母亲"的区别，切入到课文中两个词语的应用，可谓匠心独运。

生："妈妈"都出现在人物的语言里，"母亲"都出现在作者陈述的句子中间。

师：说得比我还清楚。

【学习笔记】从一开始明知故问，"妈妈"跟"母亲"的区别，到后面轻轻的一句评价，"说得比我还清楚"，可感受到师生之间其乐融融之状。另外中间一句——"打开书，看看'妈妈'这个词都用在哪些句子里？'母亲'又都出现在哪些地方？"引导更加绝妙，学生的回答也很精彩，"'妈妈'都出现在人物的语言里；'母亲'都出现在作者陈述的句子中间。"这就是在引导学生自己去发现中国语言文字的运用规律，这个学习过程给予学生的就是高质量的学习体验、积极的情感回馈，这样的自然结果就是学生会觉得学语文有用，好玩。另外从贾老师提醒学生注意"妈妈"

五年级

跟"母亲"的区别，提示学生从课本上"妈妈"跟"母亲"的实际运用来领悟两个词的运用规律，这对提高学生的语言文字敏感性、领悟度都很有帮助。这是真教语文的典范，自然、巧妙，扎实、深刻。对此，于永正老师曾评价道："我们都没注意的，贾老师注意了；我们都知道要了解学生，但贾老师真正了解了，而且在教学中体现出来了。""母亲"和"妈妈"还要讲吗？要讲；不讲，连个别老师都不知道，何况学生！贾老师不但讲了，而且讲得巧妙。大智慧是体现在不被人注意的细节里。

师："破天荒"什么意思？

生：打破了之前的惯例。

师：正确。意思是"从来都没发生过的，如今奇迹般地发生了"。北方人喜欢这么说，咱们南方人不这么用的。

【学习笔记】后面轻轻地加上一句"北方人喜欢这么说，咱们南方人不这么用的"，看似平淡无奇，实见老师的功力水准。老师在课堂上不经意间流露出来的东西，往往是这位老师的素质表现。

师："两鬓斑白"呢？

生：是指人的"这里"（学生指着自己脑袋的两侧）变成白色了。

师："鬓"指耳朵前面的部位。"斑白"就是有的头发白了，有的头发还是黑的。

师："悲喜交集"什么意思？

生：又悲伤，又欢喜，两种感情交织在一起。

生：悲伤和欢喜交织在一起，形成一种复杂的感情。

生：当时的情景应该是他既十分悲伤，又很开心，两种感情结合在一起。

师：简单地说，就是"既高兴又悲伤"。

（学生再一起读生字和新词。）

【学习笔记】此处引用于永正老师的评价："在公开课上，像贾老师这样讲解词语的，几乎没有了。有人对此不屑一顾，认为用得着这么费神费心地教吗？大可不必。或者认为，还讲这些东西？有点'小儿科'，显示不出自己的聪明才智和大家风范——大谬也！我们是教小学语文的，小学语文教学就是要'家常'。能'家常'者，就是大智慧！"这里表达了教学艺术与杂技表演艺术的区别，教学艺术追求在"家常"，平实中见巧妙，见智慧；但是杂技表演艺术追求的是生活中没有、不可能的才是高超。

三、直奔结尾，激情诵读

师：字、词会读了，文章会读吗？请一位同学朗读文章最后一节。

生："高中毕业了……"（生读得拿腔拿调的，极不自然。）

师：不要这么读，要这样读：高中毕业了……（教师读得清晰、自然，精神饱满。）

（学生继续读）

师：读得真好，就是要这样正确、流利、有感情地读。我学着这位同学，朗读最后几句话，看看能不能读得像她一般好。

（师有感情地朗读："突然，儿子转身跑到自己的房间里大哭起来……滴落在手中的信封上……"读后，学生鼓掌。）

【学习笔记】此处于永正老师评价道："贾老师不说'范读'，而是说'我学着这位同学'朗读，其中有多少内涵！这又是一个不经意的大智慧！"

师：接着，我们请三位同学分别朗读这几句话。

生：突然，儿子转身跑到自己的房间里大哭起来，边哭边说："妈妈……"

师：要大声地喊"妈妈"，（示范。）"妈——妈！"

（生继续读。）

生：突然，儿子转身跑到自己的房间里……

师：读得好极了，就是应该这样读！

生：突然，儿子转身跑到自己的房间里大哭起来，边哭边说："妈妈，我知道自己不是一个聪明的孩子，但是从小到大，你总是不断地鼓励我，你的鼓励成了我学习的动力。"听了这话……

师：大家注意到了没有？她朗读陈述过程的句子时，运用的是一种语气、一种语调、一种语速。然而，朗读不同人物的语言的时候，语气、语调、语速都变了，变成另一种语气、另一种语调、另一种语速。请你再读"边哭边说：'妈妈，我知道自己不是一个聪明的孩子……'"

【学习笔记】"大家注意了没有？她朗读陈述过程的句子时，运用的是一种语气……"，这里，贾老师努力通过朗读及指导来培养学生的语感，贾老师认为，学生会读了，有了语感，作文就容易写通顺。

（生继续读。）

师：你读得最好。最后一句话读得太有味道了，请再读一遍——大家一起欣赏。

生：听了这话，两鬓已经斑白的母亲悲喜交集，再也按捺不住十几年来凝聚在心中的泪水，任它流下，滴落在手中的信封上……

师：真好！看来，要想读得比你好，那是很困难的了。（受表扬的学生得意地坐下。）

生：突然，儿子转身跑到自己的房间里大哭起来，边哭边说："妈妈，我知道……"

师："妈妈"，叫得不好听。"妈"是第一声，后面的"妈"是轻声。

生：妈妈——

师：再叫一次。

生：妈妈——

生：妈妈，我知道自己不是一个聪明的孩子……再也按捺不住……

师：该读"àn nà"，不读"àn nài"。

（生继续读完剩余部分。）

师：读得也相当得好！

【学习笔记】严谨、严格是贾老师教学的一贯作风。其目的是为学生的成长负责，为孩子们的未来负责。松松垮垮，难以培养语文才能。扎实的语文基本功，都是在勤学苦练中成就的。

四、填表复述，听记续写

（学生又一起读课题。）

师：文章里，一共写了几次"母亲对孩子的鼓励"？

生：三次。

师：分别是——

生：第一次在第1自然段。在读幼儿园的时候，她告诉她的儿子："老师表扬你了，说宝宝原来在板凳上坐不了一分钟，现在能坐三分钟了。别的孩子的妈妈都非常羡慕妈妈，因为宝宝进步了。"

第二次是在第2自然段。"老师对你充满了信心。他说了，你并不是个笨孩子，只要能细心些，一定会超过你的同桌，这次你的同桌排在第21名。"

第三次是在第3自然段。"班主任对你非常满意，他说了，只要你努力，很有希望考上重点高中。"

师：说得很清楚。全文写了三次"母亲对孩子的鼓励"。

看看该怎么填这个表格。（边说边指课前画好的表格）

学习年段	教师的语言	母亲的鼓励
幼儿园		
小学		
初中		

（学生运用课文中的内容填写表格。）

师：都填完了？请同学们按照表格提示的内容，用自己的话来说一说。说的时候可以看书。

【学习笔记】贾老师事先设计好表格，然后让学生据此梳理课文的主要内容，填写表格，再让他们根据表格内容用自己的话来说出课文大意。这显然比让学生划分段落、概括大意等机械程序高明百倍。另外从课本书面语言转化为学生自己的口头语言，从静态的视觉文字信息转化为动态的带有个性生命气息的言语，这也许是贾老师的教学设计理念，反映了他阅读教学的基本观点。

生：儿子上幼儿园了，开家长会时，老师对母亲说："宝宝有好动症。"但是母亲回家后却对儿子说："老师表扬你，说你进步了。"

上小学时，母亲去开家长会，老师对她说："你的孩子考试很差。"但是母亲回家却鼓励儿子说："老师说你可以超过同桌。"

孩子上初中了，母亲去开家长会，老师说："孩子考重点高中有危险。"但是母亲却鼓励儿子说："你努力一下就可以考上重点高中。"

师：主要意思说了，遗憾的是语句不连贯，还把重要的话给漏了。最好把原话说出来，按书上写的说。谁再来说一遍？

【学习笔记】于永正老师对此的评价，很有道理。他说："实事求是的评价，说真话的评价，在课堂上已经很少见了。似乎一说'赏识'教育，我们就不敢指出学生的问题了。又一大谬也！学生说错是正常的，但是教师必须及时指出，并告诉学生怎样说话才是正确的、才是规范的。这叫'真教'。"

生：儿子上幼儿园了，在家长会上，老师对母亲说："你的儿子特别好动，在板凳上三分钟也坐不住。"母亲却鼓励儿子："宝宝进步了，原来在板凳上坐不了一分钟，现在能坐三分钟了。"

上小学了，在家长会上，老师对母亲说："这次数学考试，你儿子排在第40名，要多关心一下。"母亲却鼓励儿子说："老师对你充满了信心，只要能细心一些，一定会超过你的同桌。"

孩子上了初中，一次家长会上，老师对母亲说："按你儿子目前的成绩，考重点高中有点危险。"母亲却鼓励儿子说："班主任对你很满意，只要你努力，很有希望考上重点高中。"

师：相当不错！把课文的主要意思说了。看表格——幼儿园、小学、初中……后来，他不是考上清华大学了吗？（在表格空白处板书：高中）高中家长会的情况，作者没有写。这是怎么一回事？是作者无意疏漏，还是故意留白？我们不得而知。没关系，我们给课文来个"补白"！

【学习笔记】记得于永正老师对此的评价是：这就是贾老师的过人之处！他在一般人不加注意的地方发现了语言训练点。

拿出笔，听写几句话。只有听清楚，才有可能正确地记录下来——我只读一遍。

快高中毕业了。家长会上，老师很忙，见了这位孩子的母亲说："啊！你来了？你孩子进步不小，他考上一般的大学不成问题。不过，想考上清华、北大这样一流的大学，我看，希望有点渺茫。"

（生听写句子，师检查学生听记的情况。）

师：请同学们接着写，家长会结束以后，母亲在哪里见着了孩子？母亲是怎么鼓励孩子的？

（学生动笔书写，老师来回巡视，见大部分学生写完了，便请两位上台介绍。）

五年级

生：快高中毕业了，在一次家长会上，老师很忙，见了这位母亲，热情地说："啊！您来了？您儿子进步不小，考上一般大学没有问题，但是，进入名校的概率很低。"母亲回家对孩子说："你进入一般大学可以录取，再加把劲就可以进入清华或北大了。"

师：语句不够顺畅，还改变了原来的意思。请修改一下，争取写得更好。

生：快要高中毕业了，一次家长会上，老师很忙，老师见了这位母亲，笑着打招呼："啊！您来了？您儿子进步很大。我看，他考上一般的大学一点问题都没有。不过，想考上清华、北大这样的重点大学，看来，可能性就不是很大。"家长会结束以后，母亲在学校门口看见了孩子……

师：对了，丰富自己的想象，在学校门口母亲见到了儿子，母子俩会怎么说？

生：母亲走上前去，紧紧地抱住了儿子，兴奋地说："你的进步很大！老师表扬你了，说你考上一般的大学不在话下，想考上清华、北大这样的重点大学也应该不成问题！"

师：好！老师给你再加一句："即使留洋出国，考个哈佛大学什么的，也有希望啊！"

【学习笔记】这里的"补白"就是由读到写的拓展练习，由课文阅读理解延伸到写作练习，自然而然，不露痕迹，这是贾老师非常高明的地方。"高中家长会的情况，作者没有写。这是怎么一回事？是作者无意疏漏，还是故意留白？我们不得而知。没关系，我们给课文来个'补白'！"这样的话语，真是教学语言艺术，既交代了为什么要做"小练笔"，又提供了写作动机，自然而然由阅读教学拓展到写作练习。前面的阅读内容瞬间转化为写作的范文，模仿便成为写作训练的方法。阅读与写作，神奇地得以整合，生成新的东西，滋养着学生的言语生命。

五、联系自我，以情激情

师：本课文的学习任务基本完成了。幼儿园、小学、初中……（边说边擦去黑板上的表格）请大家读黑板上的词语。

【学习笔记】"本课文的学习任务基本完成了"，感叹贾老师的教学评价自觉意识。边教边评，稳打稳扎，整个教学环节尽在贾老师的掌控之内，但是贾老师却不会给学生设套，让学生往里面死钻，而是推行开放式的教学结构，鼓励学生多读、多说、多写、多想。贾老师的预设与生成，让他的语文课既稳重，又灵活；既守正，又新意迭起。这样的语文课当然也就充满智慧。

（学生一齐读黑板上书写的生字、词。每读一行，老师即擦去一行；学生一齐读课题，师擦去"的"字；学生分别读"母亲"与"鼓励"，老师再次强调"母亲是世界上最伟大的人""鼓励是人与人之间交往时重要的手段"。此时，黑板上只留下"鼓励"两个大字。）

【学习笔记】记得于永正老师对此的评价是："边擦边说，不就是对本课学习的一种复习吗？再者，擦掉板书，黑板干净了，又为下一节上课的老师提供方便。黑板干净了，在下面听课的我，心灵也得到了一次洗涤。"在我看来，课前精心书写板书，上课结束时一边擦除、一边复习，最后留下"鼓励"两个大字，为后续听说练习自然设置铺垫，真乃智慧也。

师：你们得到过谁的"鼓励"？

生：老师、同学、爸爸……

师：得到鼓励就会进步，才会提高。下面我要说的是一个比较沉重的话题——

我也得到过别人的鼓励。

五年级

四年前的一次体检，医生说："你患的是癌症。"我听了，犹如五雷轰顶，一下子懵了，精神彻底崩溃，整天以泪洗面。但是，将近四年过去了，我还坚强地活着！还站在这儿给你们上课。为什么？

因为——我不断得到众人的鼓励。试举三个别人鼓励我的例子：

医生热情鼓励我："贾校长，这病并不可怕。"他希望我做到三点：持乐观态度；按时服药；积极锻炼。他还鼓励我："按目前情况看，你再活五年、十年不成问题。"我从医生那里获得求生的希望……

来自孙子的鼓励。孙子上小学一年级，他知道我患的病不轻，哭着说："爷爷！我没有钱买水果给你吃，但是，我每天能给你带来一份快乐。"每天晚上八点，他准时打电话给我，向我报喜："爷爷，我今天帮助了一个同学，老师表扬我了！""爷爷，我数学考了一百分，老师夸我聪明！"听了他的话，我高兴得很，竟然忘记了自己是个病人。

"千课万人"的组织者张伯阳老师知道我患病以后，特地从杭州赶到上海探望我。我对他说："张老师，谢谢你对我的关心。碍于身体这样，看来，以后我不能来杭州上课了。"

张老师忙说："别这么说，我们杭州的小朋友全等着你去为他们上课呢！"听了张老师那番鼓励我的话，我就一天天地坚持着！等待着来到杭州为你们上课！

正因为有那么多人给予我热情的鼓励，所以，今天我还能在这儿和你们一起学习这一篇课文。这就是"鼓励"的力量！

【学习笔记】贾老师对学生掏心掏肺，人文情感教育尽在其中。每次到现场去听贾老师的课，我常常感觉：给孩子们上课是贾老师的生存方式之一，书本内容、课堂教学、社会生活与贾老师的生命世界已经融通，这些都融会在他与学生课堂上的分分秒秒，所以贾老师的语文课自然、真实、严谨、扎实，所以贾老师非常厌恶"假课、表演的课，做作的课"。

师：你们有关于"鼓励"的故事吗？

生：我的同学鼓励过我。在读四年级时，一次英语考试没考好，我很伤心。我的知心朋友找我，她告诉我，老师是可爱的，会帮助你的。就这样，我开始慢慢喜欢上英语了。

生：有一次，我画画始终画不好，就很烦恼，把笔折断不画了。这时，爸爸鼓励我，他说，只要细心画，再多去请教姐姐，肯定会画得好的。

生：我刚开始学习毛笔书法时，连"一"字都写不好，我想放弃了。书法老师对我说，不要紧，你一定能写好的。在老师的鼓励下，到现在，我已经坚持五年了。

师：好！你坚持再学五年，我就坚持再活五年。

【学习笔记】于永正老师在现场听课，他说："听课老师为之动容。祝愿贾老师身体健康！全国的小学语文老师都需要贾老师！"贾老师苦苦探索的小学语文教学智慧，也许会真正改变小学语文教学的应试之风，给祖国语文带来真正的尊严。贾老师的生命坚守，是唤醒老师们教育信仰的力量。

师：（指黑板上的"鼓励"）这两个字的分量很重。一齐大声地读——"鼓励"。

得到别人鼓励的人，一定是幸福的人；

懂得鼓励别人的人，必然是高尚的人。

假如，没有了"鼓励"，我们这堂课的快乐，也就暂告结束了。

（学生读毕"鼓励"，贾老师随手将"鼓励"两个字抹去。黑板上干干净净，一字不留。）

下课。

【学习笔记】在现场听课的两位老师这样评价贾老师的课，于永正老

五年级

师说："当'鼓励'二字被抹去之后，大课堂里响起热烈的掌声。这不只是对贾老师的课的赞美，更是对他的人格的赞美。大教无痕！"陈宝铝老师说："亲身的经历，动情的描述，听课者都为之动容，更何况置身于课堂里的学生。"

研读感悟

虽然没能到现场观摩贾老师的这堂语文课，可是我内心看到了什么是"生命语文"，真切体会到了贾老师常说的："教孩子一年，要想到他们五年；教他们五年，要想到他们一辈子。"语文不仅涉及听说读写，语文更关涉到孩子们言语生命的发育，心灵世界的成长。语文还是培养合格公民的沃土，是一个现代民族国家的形象与尊严。

附1 名师评议

江苏省语文特级教师　于永正

曾几何时，有人说我们这些老教师"老"了，观念陈旧，教法过时，跟不上形势了。现实，跟这些人开了个玩笑——刚下课，就有几位年轻老师大声说："贾老师，前几年我们爱××，现在我们爱您了！"她"移情别恋"了。一位老师说："我是一直都爱贾老师的。"她见我站在一旁，又添了一句："我们也爱于老师的。"我明白，她是给我留一点面子。其实，这话的背后是对贾老师语文教学的认可与肯定。

张庆老师经常对我说，语文教学要"守常"。"常"就是"法"，就是规律。古人对语文教学摸得很熟了，就是识字、写字、读书、背诵、习作。不但摸得很熟，而且出了很多大家。当代教育绝对出不了曹雪芹、鲁迅、叶圣陶……

贾老师就是语文教育的"守常"人。在短短的40分钟里，听、说、读、写都有，就是没有烦琐的内容分析。没有花架子，却有效，没有煽情，却有情。

当前，大家都在讨论、思考，语文到底教什么？怎样教？贾老师的课作了明确的回答：教字、教词、教朗读，教表达（口头和书面的）。从学生角度上讲，就是学字、学词、学朗读、学表达。贾老师是真正向"内容分析式的阅读教学"说"再见"的一位实践者。崔峦先生假如听了贾老师这一节课，一定会欣慰无比的。

福建省语文特级教师　陈宝铝

贾老师的课，简约，但不简单；"平淡"，却不乏深刻。

他的课，彰显了"用教材教"的主动性和创造性，体现了小学语文阅读教学的许多本质规律，也闪耀着语文教学的本色，折射出新课标之神采。

第一，突出重点，摒弃烦琐。贾老师这节课最突出的优点是摒弃了烦琐的、过度的分析。纵观全课的教学，贾老师只是抛出一个问题："文章中，'母亲对孩子的鼓励'一共写了几次？"让学生读书作答，再利用课后表格让学生填写复述，使学生整体把握了内容。之后，教者引导学生直奔结尾，但仍没有进行讲解，而是以朗读为手段，让学生在朗读中体会、感悟。从学生富有感情的朗读中我们似乎可以看出，他们已经悄然理解了课文内容，把握了内涵。贾老师的教学实践告诉我们：学生是可以依靠自己的能力读懂课文内容的。语文教师必须学会"取舍"，避免烦琐、过度的分析。

第二，巧用课例，致力增值。课堂上，贾老师充分运用课文这一例子，引领学生学习语言、运用语言。通过示范读、点评，指导学生区别语段中

五年级

一般性陈述语言与对话语言的不同读法，有效培养学生的朗读能力。运用表格一环的教学，是本课教学亮点。贾老师让学生先填空、复述，培养学生理解能力与复述能力，再在表格后面增加一行，补上"高中"这个时间段，让学生听写一句话，而后再创造性续写母亲对孩子的鼓励。这样做，训练了学生的听记能力，发展了学生书面表达能力，同时促使学生再次阅读课文的"三次鼓励"，加深对课文的理解。贾老师借助课文这例子让学生得言、得意、得法、得智，成功地实现了课例的增值。

第三，强调体验，注重熏陶。《母亲的鼓励》蕴含着真挚、强烈的情感。贾老师注意学生的情感体验、情感熏陶。一方面，他倾注真情，用自己真挚的情感去感染学生；另一方面，运用多种方法激发学生的情感。上课伊始，从对母亲的赞颂引入，再举生活中的感人事例说明母亲对孩子的爱是最无私的……所有这些，都是为唤起学生对母爱的情感，为理解课文作铺垫。

教学行将结束时，教师深情地讲述自己患重病之后，得到各方鼓励，这依然是为了激发学生的情感。课堂上，自始至终，洋溢着浓浓的感激之情、敬佩之情、赞颂之情。学生在体会课文之情、融自己之意的过程中，思想、品格、情感等都受到感染与熏陶。这必将给他们的成长带来深远影响。

母亲的鼓励 *

　　一位年轻的母亲第一次参加家长会，幼儿园的老师对她说："你的儿子特别好动，在板凳上连三分钟都坐不住，在家里也这样吗？"回家的路上，儿子问母亲，老师都说了些什么。她鼻子一酸，差点流下泪来。因为全班 30 位小朋友，她的儿子表现最差。然而，她还是告诉她的儿子："老师表扬你了，说宝宝原来在板凳上坐不了一分钟，现在能坐三分钟了。别的孩子的妈妈都非常羡慕妈妈，因为宝宝进步了。"那天晚上，她儿子破天荒地吃了两碗米饭，并且没让母亲喂。

　　儿子上小学了。家长会上，老师对这位母亲说："全班 50 名同学，这次数学考试，你儿子排在第 40 名，要多关心一下。"走出教室，母亲流下了泪。然而，当她回到家里，却对坐在桌前的儿子说："老师对你充满了信心。他说了，你并不是个笨孩子，只要能细心些，一定会超过你的同桌，这次你的同桌排在第 21 名。"说这话时，她发现，儿子黯淡的眼神一下子充满了光亮，沮丧的脸也一下子舒展开来。她甚至发现，从这以后，儿子温顺得让她吃惊，好像长大了许多。

　　孩子上了初中，又一次家长会。这位母亲坐在儿子的座位上，担心老师又会点她儿子的名字。然而，这次却出乎她的预料，直到家长会结束，也没听到她儿子的名字。她有些不习惯，临走时她去问老师，老师告诉她："按你儿子目前的成绩，考重点高中可能有点危险。"听了这话，她惊喜地走出校门，此时，她发现儿子在等她。路上，母亲扶着儿子的肩膀，心

★　本文选自沪教本第十册。贾志敏老师参与了这套教材的编写，这篇课文就是由贾老师选入教材的。贾老师初讲这节课时，原文标题是《母亲的谎言》，后来根据于漪老师的建议修改为《母亲的鼓励》。

五年级

里有一种说不出的甜蜜，她告诉儿子："班主任对你非常满意，他说了，只要你努力，很有希望考上重点高中。"

高中毕业了。第一批大学录取通知书下达时，学校打电话让她儿子到学校去一趟。此时，这位已是中年的母亲有一种预感，她儿子被第一批重点大学录取了。因为在报名时，她相信儿子能考取重点大学。儿子从学校回来了，并把一封印有清华大学招生办公室的特快专递交到母亲的手里。突然，儿子转身跑到自己的房间里大哭起来，边哭边说："妈妈，我知道自己不是一个聪明的孩子，但是，从小到大，你总是不断地鼓励我，你的鼓励成了我学习的动力。"听了这话，两鬓已经斑白的母亲悲喜交集，再也按捺不住十几年来凝聚在心中的泪水，任它流下，滴落在手中的信封上……

《"精彩极了"和"糟糕透了"》
课例品读 *

第一课时

一、整体感知，导入新课

师：有一个俗语，大家都知道，而且经常挂在嘴边，叫"可怜天下父母心"。父亲、母亲爱自己的子女，那是与生俱来，天经地义的。子女孝顺父母，那不是天生的，是一种社会公德。父母生下我们，我们要关怀、孝顺、体贴父母，这是社会提倡的。我们感谢编这套书的老师，她编了一个单元，第17课《地震中的父与子》、第18课《慈母情深》、第20课《学会看病》以及今天要学习的这篇课文，讲的都是父母关爱子女的故事。这告诉我们，父母这么关爱我们，我们也要体贴父母。这个单元都是讲这个道理。今天我们要学的课文，老师把标题写在黑板上了，谁来读一读？

【学习笔记】从单元的角度来看待这一篇课文，这是课程意识；从人生的角度来审视这一篇课文，这是育人的高度。有了课程意识，学习这一篇课文，就容易与其他课文的学习挂起钩来，从而更好地促进语文素养的发展；有了育人高度，学习这一篇课文，就容易与学生的人生体验、人文素养勾连起来，从而达到学语文、学做人的效果。

生：（读题）19. 精彩极了和糟糕透了。

师：他读得准确，每个词都读对了，遗憾的是没有读好。这里的"19"不读"19"，读"第19课"。谁再来读？

生：（大声读）第 19 课："精彩极了"和"糟糕透了"！

师：你读得"精彩极了"！就这么读，显然第二个同学比第一个同学读得好，谁还要读？

（学生练读题目。）

【学习笔记】贾老师时时刻刻都注意创造条件，组织学生做语文训练，语文能力是练出来的，训练是提高学生语文技能的抓手之一。

二、初读课文，了解文意

师：这篇课文很有意思。题目就有意思：两个极端的词，两个截然相反的断言出现在题目上，你看多有意思。两个短语都用了引号，中间加上一个"和"，不像"地震中的父与子"，一看题目就知道是发生地震灾害之中父亲与儿子的事，"慈母情深"是讲母亲对儿子关怀的事。可这个题目挺奇怪，看了半天也没看懂。你知道吗？（生答：不知道。）好，看书，把课文轻声地读一遍。

【学习笔记】与这一单元第 17、18 课的课文标题作比较，突出本课标题"'精彩极了'和'糟糕透了'"的特殊性，"这个题目挺奇怪，看了半天也没看懂"，由此激发学生的好奇心，引起学生阅读的兴趣。从吸引学生注意力的角度，贾老师曾经说："1+1=2"不是教育，"1+1=3"才是教育。"1+1=3"，咦！这是怎么回事？于是就将学生的注意力吸引过来了，然后老师再来展开、组织教学，从而引导学生投入到教学过程中去。

（学生读课文，教师巡视。）

师（发现问题，温馨提示）：①自己读自己的；②小朋友读得太慢。（师示范，学生继续读书。）

师（小结读书情况）：请四位小朋友站起来，知道为什么吗？因为第一位小朋友读书的时候很有表情，读书时眼到、口到、心到。第二位小朋友声情并茂，读得真好！第三位小朋友声音非常悦耳，第四位小朋友很沉稳，很有语文的修养。所以老师要特别表扬他们。读书要认真。读书是学习，读书是接受，读书就是一种感悟，体会作者的思想感情。

【学习笔记】这是贾老师在起始朗读环节常用的评价策略，其效果屡试不爽。先让学生各自读课文，"自己读自己的"，以便随后分类、择优表扬，从而树立榜样、模范，供全班学生学习。同时通过打破班级同学之间的原有平衡关系，从而生发出新的课堂动力源泉，有助于产生你追我赶的学习状况。这为后续的学习安排做好情感铺垫。另外，基于活动中学生的语文表现来表扬学生，顺其自然，有助于学生继续参与课堂学习。

师：这篇文章的作者是美国的著名作家巴德·舒尔伯格，他写过许多文学作品，也写过许多电影文学剧本，小朋友如果对这个人物感兴趣的话，回去打开电脑，在"百度"里输进他的名字，就可以看到他的介绍。这篇课文一共有17个小节，一千六百多字。文章比较长，因为讲的是外国人的事，我们把它用中文翻译过来，读起来有些拗口，有些难度，等会我们再来读这篇文章。

【学习笔记】"这篇课文一共有17个小节，一千六百多字"，这是贾老师常用的思维方式，备课、教学力图不放过一个字，字字落实。

三、学习生字，指导书写

1. 认读生字

师：课文里有六个生字，你能不能借助拼音把这六个字正确地读出来？

（生读生字，教师随机正音。）

【学习笔记】先学后教，要求学生先借助拼音把这六个生字正确地读出来，然后老师再仔细倾听，随时正音。这样既尊重了学生的学习主体地位，又发挥了老师的积极作用，教学互动，促进成长。

2. 指导写字

师（提出写字要求）：看到课文后面，分别有14个字，小朋友在字的上边和下边分别模仿着写一个字，字要写工整，可能的话把字写漂亮。写字的时候，人要坐正，坐直。

（学生写字，教师巡视，纠正学生的写字姿势，观察学生的写字情况。）

【学习笔记】有不少老师都注重教生字词，没有错，可是常常按照固定的程序走一遍，学生感觉乏味、无趣，贾老师也注重教生字词，可是注意让学生觉得有意思、有情趣，乐意投入。另外贾老师注意随时帮助学生养成良好的行为习惯。

四、熟读课文，体会情感

1. 指导读第一小节

（师指名读第一小节，要求一字一顿地读。）

师：这位小朋友每个字都读准确了，遗憾的是没有读好，还属于不会读书的，会读书的不会这么读。（师范读）"记得／七八岁的时候，我写了第一首诗。""记得"后面虽然没有逗号，但在语气上要停顿；由于是第一首诗，所以这个"一"字要强调。谁再来读？

（生读，声情并茂。）

师：还不鼓掌干什么？他读得太好了，就这么读。（学生练读第一小节。）

【学习笔记】什么是师傅带徒弟，什么是手把手地教授？这一片断就回答了这个问题。学生一字一顿地读，贾老师随后及时评价，既肯定"这位小朋友读得不错，每个字都读准确了"，又指出问题，"没有读好，还属于不会读书的"。然后贾老师示范朗读，并讲解要点。最后再让学生练习，"生读，声情并茂"，老师再反馈，再鼓励。"还不鼓掌干什么？他读得太好了，就这么读"。这样的朗读指导，就是贾老师手把手地将自己的朗读经验及相关知识传授给学生的过程。学生不会朗读，老师有示范，有指导，有练习，有评价反馈，有鼓励，学生不仅学会了朗读，而且还体验了学习过程的美好，这就是优质教学。

2. 指导读最后一小节

师： 文章最后一小节最难读了，谁来读读？

（生读最后一小节。）

师： 你的声音特别圆润，听起来特别甜美，而且你读得比较连贯，每个字都读得很准确。

【学习笔记】指导完学生读好了第一小节，然后让学生朗读最后一小节，"文章最后一小节最难读了，谁来读读"，这无意间制造了悬念，学生觉得新奇，有趣。一般情况下，老师让学生读课文，从前读到后，程序化，学生觉得没有味道，也就不会投入了。另外在学生成功读好第一节的基础上，趁热打铁，让学生读"最难读"的一小节，也可以激发学生的挑战意识。

3. 指导读倒数第二小节

师： 倒数第二小节谁来读？

（生读倒数第二小节。）

师（指导）： 读书要生活化。

（学生在教师的指导下越读越好。）

【学习笔记】贾老师曾经引用叶圣陶先生的说法来谈什么是正确的朗读。他说，要检测一个人会不会读书，让他拿着书到隔壁房间，放声自由朗读，我们听起来，如果他读书好像在和别人说话，那就读对了，否则就没有读对。学生读的是语体文，所以"读书要生活化"，也就是要真正体现口语的特点。另外贾老师先让学生读第一小节，然后读最后一小节，再读倒数第二小节，也是有讲究的，希望可以吸引学生的注意力，而且也是突出重点，这三段是全文最难懂的部分。

4. 指导读对话

师：最难读的三段话，小朋友都读好了。这是个故事，就一定会写到人，写到人物的语言。这个故事主要情节就是通过人物的语言来展开的，你找到人物的语言读一读。

（学生找出描写人物的语言，练读。）

【学习笔记】教学要讲究理据，为什么要学生读这一段，不读那段，老师要有科学依据。这里体现贾老师对语文教学规律的遵从，因为课文故事的主要情节就是通过人物的语言来展开，所以引导学生读一读人物的语言，也就入情入理。

师：人物的语言在文章里是必须要写的。如果有几个人在对话，他的表现形式要有变化。例如：

我问："爸爸，你上哪去？"

爸爸说："我去上班。"

我问："你为什么要去上班？"

爸爸说："上班挣钱呀。"

我说："为什么挣钱呢？"

爸爸说："我不挣钱你们吃什么呀？"

我说："噢，我知道了。"

你看，多枯燥乏味呀。写人物语言的变化有四种形式。第一种形式，提示语在前面；第二种形式，把提示语放在中间；第三种，把提示语放在后面；第四种，把提示语省略了，但是有个条件，别人读了这句话就知道是谁说的，用不着理解，不会产生异议。（教师边说边板书四种表现形式，空出标点的位置。）

（学生分别找出语言的四种表现形式，指名读对话。）

师：三种不同的形式，三个"说"，请一个同学上来，分别给这三个"说"后边加上标点。（学生加上标点。）

师（小结）：提示语在前，"说"字后面是冒号；提示语在中间，"说"后面是逗号；而提示语在后面，既不是冒号，也不是逗号，而是句号。这就是我们汉语的规律。冒号起提示作用。前面说了一段话，后面接着说，所以中间的逗号表示句子的停顿；说完了，交代谁说的，表示句子完了，结束的意思，所以用句号。

【学习笔记】贾老师注重传授知识，注重尊重我们汉语的规律。这是教好语文的必要条件。

5.重点理解提示语在中间的句子

师：下面请大家找出第二种形式的句子，再来读一读。

生："亲爱的，我真不懂你是什么意思。"母亲嚷着，"这不是在你的公司里，巴迪还是个孩子，这是他写的第一首诗。他需要鼓励！"（学生有些紧张，读得有些结巴。）

师：说实话，这位同学读得不太好，声音很轻，还有些结巴，但我建议大家把掌声送给她。因为她知道自己读得不好，还能勇敢地把手举起来，而且很快，她是第二个举起手来的。另外，她每个字都读得很清晰。我们为她的勇气鼓掌。谁把这段话再读一读？

【学习笔记】课堂上，贾老师的眼睛非常锐利，对学生的观察非常精准，判断到位，如"这位同学读得不太好，声音很轻，还有些结巴"，她"勇敢地把手举起来，而且很快，她是第二个举起手来的"，"她每个字都读得很清晰"。因为贾老师对教材相当熟悉，所以上课时他可以拿出主要精力来观察学生，并根据学生反应，实施有针对性的教学处理。另外，从这个片段，也可以看出贾老师对学生高超的激励艺术。

生：（平淡地）亲爱的……
师（打断）：如果这样读"亲爱的"，那你找不到爱人了。（生笑，练读）找到自己的爱人，要高兴呀。（生再读）对了，再大胆一点。（学生再练读）进步多了。

6. 练习四种对话形式的转换
师：现在把刚才读的这句话变成第一种形式读读。
（生读。）
师：再把它变成第三种形式的句子。
（生接着读。）
师：咱们把它变成第四种形式的句子试试。
（生再读。）
师：你们想听听老师怎么读吗？
生：想！
师：这位同学读的时候语气变化很明显，"母亲嚷着"这四个字是作者写的，他马上把语气放平缓了。（教师又示范一遍）谁再来读读？
生："亲爱的，我真不懂你是什么意思？"（把"什么"读重音）

师（打断）：不是强调"什么"，而是要强调"意思"。

（生再读。）

【学习笔记】老师要会朗读，要能示范，才能通过师傅带徒弟的方式，手把手地教会学生朗读。可见，作为语文教师，言传身教确实很重要。单凭学生自己学习，在不少方面还是存在不足。

师：这三位同学都读得不错，但离最高境界还有一点距离，于是我又想起了这位同学。（请班上读书最好的同学站起来再次读，读完后）鼓掌！

师（小结）：学习课文首先要读通课文。这节课就到这儿，下课！

【学习笔记】课堂上，贾老师除了教书，还会随时了解学生情况，这是因材施教的前提。从这个教学片断可知，贾老师非常注重朗读教学，阅读课首先要教学生会读，读通课文是读懂课文、理解课文的起点。

第二课时

一、理清课文主要内容

板书：精彩极了

　　　　糟糕透了

师：会读课文的人，要深入了解课文哪些地方写得好，为什么写得好？为什么要这样写？文章的重点部分到底是什么？好，看看黑板，跟上节课有什么不同？

【学习笔记】通过问题的形式，教学生深入阅读、深入理解的正确方法。

五年级

生：漏了一个"和"字。

生：没有课题。

师：老师把这个课题拆成了两行，"精彩极了"放在上边，"糟糕透了"放在下面。一起读读。（指导读"极了""透了"不要太平淡）老师把它分成两行，这节课我们学习这篇课文要用的。这篇课文怎么来分析，怎么来学习呢？请大家把课文打开，一起来读读最后一段。注意，一起读时要轻，越轻越好。

【学习笔记】贾老师曾经说过，让学生自由朗读课文，他们总是受从众心理的影响，全班逐渐就读到一块去了，慢慢忘记了要自己读自己的。因此他想出一招，即要求学生轻声朗读，"越轻越好"，这样就可以避免相互干扰，达到各自朗读的目的。

（生齐读最后一段，师指导学生读书时要生活化，不要一字一顿地读。教师范读，学生再次齐读。）

师：你读了这篇文章后，有哪些不懂的地方，包括文章的内容、表达的方式、用词、用语、标点，都可以提出来，我希望你们能提出有价值的问题。

【学习笔记】能够提出问题的孩子都是好孩子，只有动了脑筋，才能提出问题。培养孩子提出问题的能力，特别是提出有质量的问题，这具有非凡的意义。在提问过程中，质疑精神、批判能力，无形中就培养出来了。

生："断言"是什么意思？

师："断言"就是下结论。

生："腼腆"是什么意思？

师：我也不懂，你知道吗？

【学习笔记】贾老师一直主张要淡化教师，突出学生，所以当他发现学生通过努力能够回答这个问题时，他就故意"装傻"，把表现的机会、成长的机会让给学生。

生：因害怕而神情不自然。

师：对，你这是字典上的解释。其实就是难为情的意思。

生：他为什么说"我越来越体会到当初是多么幸福"？

师：好问题！这个问题很有价值。

生：只有十行的小诗，为什么说他好像读了几个小时？

生："它们像两股风，不断地向我吹来，我谨慎地把握住生活的小船，使它不被哪股风刮倒"这应该怎么理解？

生：母爱的力量既然是灵感和创作的源泉，为什么还会把人引向歧途？

生：为什么说这两个极端的断言都有一个共同的出发点？

师：有的问题，我们看看书就可以知道了。有的问题提得很有意思，我们一起来讨论。再读黑板上的课题。

（生读题："精彩极了""糟糕透了"。）

师：为什么要加上引号？

生：因为是人说的，所以加上引号。

【学习笔记】由学生的回答可见，前面贾老师教授的标点符号知识，学生理解了，还能灵活应用。

师：是的，因为这两个短语都是引用别人说的话，是借过来的，所以要加上引号。"精彩极了"谁说的？

生：妈妈。

师："糟糕透了"呢？

生：爸爸。

师：那是哪一件事让两个人有这样极端的断言？

生：是儿子写的一首诗，母亲看了说"精彩极了"，但是父亲却说这首诗"糟糕透了"。

师：事情的起因很简单，就是因为"我"在七八岁时写了一首诗（板书：一首诗），书里哪几句话是描述这首诗的？找出有关的词语。

生：诗只有十行。

师：对，就是短短的诗，这首诗你感到写得好不好？

生：不知道。

师：不清楚，因为书里没有介绍。那么，这首诗到底写得好不好？

生：不好。

师：从哪里看出来的？

生：几年后，当我拿起这首诗，不得不承认，父亲是对的。那的确是一首相当糟糕的诗。

师：对了，你找得很好。到十一二岁，再翻出这首诗的时候，感觉到的确是父亲说的对，这确实是一首相当糟糕的诗。可是"我"也说这首诗写得很好，"我"写完第一首诗，（师读）"母亲念完这首诗，眼睛亮亮的"，为什么？好啊，兴奋啊！这首诗写得多好啊！还"嚷着：'巴迪，这首诗是你写的吗？多么美的诗，精彩极了！'"这是妈妈说的呀，写得好呀。还有，"赞扬声雨点般地落在身上"，还问："是你写的吗？"当她知道是"我"写的时，"她把'我'抱起来，再一次拥抱了'我'"。你看，这不是说这首诗写得很好吗？你说他写得不好，为什么？

生：因为母亲只是鼓励他，让他不要放弃写作，怕他自卑。

师：哦，是这样的。这首诗因为是他七八岁时候写的，虽然只有十行，而且不像样，母亲看了后仍然发出一个断言：精彩极了。而父亲看了这首诗，却说"糟糕透了"。刚才有位同学问：父亲看这只有十来行的诗，为什么巴迪感觉有一个多小时？

生：因为他很紧张，觉得度日如年。（师板书：母亲　父亲）

师：真好，"度日如年"！母亲的评价是"精彩极了"。那父亲怎么样呢？他紧张得"度日如年"。这一首诗父亲说"糟糕透了"，两个人几乎要吵架。我们再来读最后一段。

（生再次齐读最后一段。）

师：事情很简单，在他七、八岁的时候写了一首小诗，当他过了四、五年，十一二岁的时候，再来看这首小诗，觉得的确是相当糟糕。因此这首小诗引出了家里的一场风波，父亲说"糟糕透了"，母亲说"精彩极了"。两个截然不同的断言，文章最后说，归结到一点，那是什么？

生：爱。（师板书：爱）

【学习笔记】以上教学片断，贾老师一个劲地问"为什么"，引导学生逐渐走向文本深处，越读越敞亮。这就是良师，循循善诱，诲人不倦。这个教学片断，在我看来也是对话教学的经典。对话教学，在我国语文课堂教学中需要进一步推广。

师：不过表达的形式不一样。母亲赞扬他，父亲批评他；母亲热情洋溢，父亲冷漠无情，形式截然不同。但是殊途同归，归结到一个字，那就是"爱"。一个是母爱，慈母；一个是父爱，严父。文章结尾说："在爱的鼓舞下，我努力地向前驶去。"大家再看看课文里的介绍，课文里的小巴迪长大以后变成什么样的人了？

生：现在我已经有了很多作品，出版了一部部小说、戏剧和电影剧本。

师：知道这句话该怎么介绍吗？

（生再读这句话。）

师：巴迪·舒尔伯格是美国有名的一个作家，他既是个剧作家，又是个影视作家，写了很多作品。现在他回过头来想到他七八岁时的一件小事。

五年级

121

事情的起因就是他七八岁时写了一首不像样的小诗，过了几年再翻出来看看，的确是相当糟糕的诗。母亲给他的赞扬："精彩极了！"父亲给他的批评："糟糕透了！"这件事情本身并不重要，但是他后边两段话告诉我们做人的道理。所以尽管用了相当长的篇幅把事情描写得非常生动，但文章的重点在后面。请大家再好好地读读后面两段话。

（学生自由读最后两段话。）

【学习笔记】对于课文主要内容的理解，没有划分段落，没有概括段落大意，通过对话、启发、诱导、朗读，学生同样做到了深入理解文本。

二、理解感悟重点难点

师：文章一共写了三个时间段。第一个时间段，七八岁时写了一首小诗；第二个时间段，十一二岁的时候，他感觉到这首诗确实是糟糕透了；还有一个时间段，那就是现在，现在他真正体会到当初家里发生的一场风波，那就是第16小节。（指名读第16小节。）

生：现在我已经有了很多作品，出版了一部部小说、戏剧和电影剧本。

师：现在，已经有了成就，成功了。那么成功来自哪里呢？

生：我越来越体会到我当初是多么幸运。

师：刚才不是有位同学问：为什么感到幸运呢？

生：我有个慈祥的母亲，她常常对我说："巴迪，是你写的吗？精彩极了！"

师：母亲给他的鼓励。

生：我还有个严厉的父亲，他总是皱着眉头，说："这个糟糕透了。"

师：这是父亲对他的鞭策。正像我们常讲的：慈母、严父。

生：一个作家，应该说生活中的每一个人……

师：不仅仅是一个作家，所有的人，包括我们在内。

【学习笔记】"不仅仅是一个作家,所有的人,包括我们在内",短短一句话,把课文、作者与课堂、老师、学生打通了。书本上的语言文字与学生的生活汇合了,这就是贾老师课堂教学开放性的具体表现。贾老师的语文课,是努力将语言文字教在孩子们的心里,落在孩子们的言语实践中。

生:都需要来自母亲的力量,这种爱的力量是灵感和创作的源泉,但是仅有这个是不全面的,它可能会把人引入歧途。因此还需要警告的力量来平衡。需要有人时常提醒你:"小心,注意,总结,提高。"

【学习笔记】"都需要来自母亲的力量,这种爱的力量是灵感和创作的源泉",任何成功的语文教学都是充满人文光芒的课,因为人文性蕴藏在每一篇课文之中。教师不必刻意拔高,突出人文性,只要随着理解的深入,顺流而下就可以了。

师:这就是那位同学提到的,为什么他感到幸运。因为他有一个关爱他的母亲,还有一个严格要求的父亲。终于他成为一个作家,创作了很多作品,出版了一部部小说。

【学习笔记】"这就是那位同学提到的,为什么他感到幸运",对这个问题的回答,充分体现出贾老师课堂教学的生成特性。贾老师的课是生成的课,是为学生的言语生命成长而生成的课。这种课,不能重复,更不可能复制。

三、指导背诵重点段落

师:这篇文章写了三个时间段,七八岁时是个引子,十一二岁有所启迪,到了现在,成年了,他终于领悟到:母亲与父亲的爱,虽然表现形式不同，但归结点一样，都是"爱"。文章的最后一段是他的归结点，也就是他对人生的感悟，对父母"爱"的深刻领悟。听老师再念一遍，你可以不看书，记住。（教师范读课文。）下面自己把这段话再读一读。

（学生自由读最后一段。）

师：别人都说孩子的记忆特别强，理解能力比老人强。的确如此。我家里有个小孙女，跟你们一样，也读五年级，我们俩曾比试过，同样一段文字，看谁在最短的时间背出来，我总是输给她。那这段话，同学们自己背背看，背不出，再看书。

【学习笔记】同样是背诵练习，一般老师只会板起脸孔，给学生布置背诵任务，学生往往一点背诵的热情都没有。贾老师特别会激励学生，说上这么一段话，学生纷纷有了挑战意识。所以贾老师不愧为语言激励大师。另外"那这段话，同学们自己背背看，背不出，再看书"，浓浓的人文关怀浸润其间。

（学生自由背最后一段，教师巡视。）

师：我请三位同学来背诵，背不出不要紧，你可以再看书。

（生1背诵有些结结巴巴，不太熟练，教师轻轻提示她。）

师：她也写了一首"十行的小诗"，（指下边一同学）这个同学说他糟糕透了，表现的形式"哈！哈！"站在旁边的这位同学（指第二位同学）不断地鼓励她："对了，对了。"意思就是："精彩极了！"我们不管是糟糕透了，还是精彩极了，都给她鼓励的掌声。（生鼓掌。）

【学习笔记】对第一个"吃螃蟹"的学生，贾老师常会给予热情的鼓励，从而努力营造好的氛围。这样才会有更多的学生跃跃欲试，愿意参与进来。

（生2较熟练地背诵这段话。）

师：鼓掌，精彩极了！这位同学基本上一字不漏，而且有两个地方自觉地改正，但这位同学是在背诵，不是把书里的语言化为自己的语言。

（生3非常有感情地背诵这段话。）

师：掌声鼓励！真好！第一个小朋友虽然背不出，但有勇气举手，真好！第二个小朋友一字不落地背下来，真好！第三个小朋友把书本上的语言变成了他自己的语言。（这时，有一位同学按捺不住，手举得高高的。）

【学习笔记】这个教学片断，尽显贾老师作为语言激励大师的本领。看来学生的潜能巨大，有效地激励，就能充分挖掘出学生的潜能。另外，贾老师将差异化评价策略运用得炉火纯青，三位小朋友的背诵都很好，但是好的程度不一样，"第一个小朋友虽然背不出，但有勇气举手，真好！第二个小朋友一字不落地背下来，真好！第三个小朋友把书本上的语言变成了他自己的语言。"因评价到位，激发了学生的参与热情，于是"这时，有一位同学按捺不住，手举得高高的"。此刻，我想贾老师也该是享受教学，心情舒畅。

五年级

师：这位小朋友示范吧。听说你是刚从新加坡来的，真好！

（学生一上来，迫不及待就背诵课文。）

师（提醒）：你还要有台风，不要一上来就背，目光看着下边，意思就是：哪个捣蛋鬼不坐好，我就不念！

（生定定神，接着背诵课文。）

师：真好！前三个同学给我们做了榜样，第四个同学给我们做了示范。下面请大家看着老师的手势，背出来了的不看书，背不出的时候看看书。

（学生在教师的手势提示下，顺利地背出了这段课文。）

【学习笔记】一项本来枯燥乏味的课文背诵练习，在贾老师的组织下好像做游戏一样，学生劲头足，热情高，效果好。可见善教有多么重要。另外，这个教学片段也体现了贾老师的阅读教学观念，课文只是一个例子，通过课文来教会孩子朗读，教孩子读书，教孩子说话，教孩子作文。贾老师特别强调朗读的基础性价值，课文如果连读都读不通，那其他的任务都难有着落，因此贾老师不厌其烦地教学生朗读课文，大声读，读正确、读流利，有感情。通过朗读，将书本上的语言化为自己的语言，提升自己的语言。

四、结合生活　拓展感悟

师：巴迪终于成了一位出色的作家、剧作家、影视作家。他成功的秘诀在哪里？父爱和母爱。母爱，鼓励他，热情洋溢；父爱，鞭策他，冷漠无情。形式不一样，结果一样，鞭策他向前走去。他是这样，其实我们每个人都是这样。想想看，父母给你的爱从哪件事上可以看出来，举个例子说说。（生思考。）

师：昨天，上海有家报纸，有段新闻说得很好，是小朋友崇拜的偶像，中央电视台金牌主持人李咏。他写了一篇文章，说到他怎么会成功的。他说，在他十四五岁的时候，看到报纸上一个广告，要培养招聘节目主持人，李咏报名了。母亲鼓励他，父亲却说："你这么小，行吗？"一盆冷水浇得他从头顶凉到脚底。他非要去，父亲说："我没有时间陪你，你一个人去。"但他毕竟只是一个十四五岁的孩子，从新疆一个人赶到成都。结果到成都后，他发现父亲在那等着他，一直陪着他。父亲说："我来开会，顺便过来看看你。"他走了以后才知道，父亲是特地送他去的，他感到了父亲对他的爱。后来，他一炮而红，全国，甚至全世界都知道李咏了，这时候，他骄傲了，有些飘飘然了。但父亲从来不说他一个"好"字，每逢李咏主持节目，父亲总是到另外的地方看李咏的节目，他不说李咏怎么好，凡是李咏讲错的地方，都一一记下来，随后告诉李咏。有一次，李咏在主持节目时说了一句对陕西人民不恭的话，结果陕西人民愤怒了，要李咏"下课"，要他赔礼道歉。李咏情绪很不好。父亲告诉他：你这样说不对，必须赔礼道歉。李咏在父亲的鞭策下，又走上了舞台。他说，父母的爱形式虽然不一样，但结果一样，都是鞭策他前进。说说你们生活中的例子。

（学生说父母对自己的关爱……）

生：我五六岁那年……

师：巴迪记得七八岁时的事，成了作家、剧作家，这位小朋友五六岁时的事都记得，将来肯定能成为诺贝尔奖获得者。（生笑。）

生：我和爸爸、妈妈去骑车。突然，我摔了一跤，妈妈连忙鼓励我，并把我扶起来。

师：先是扶你起来，然后鼓励你，说话要有顺序。

生：妈妈扶我起来，并鼓励我。可爸爸却在一旁说："骑车总是会摔跤的，做什么事都不可能一次成功。"后来，我慢慢地学会了骑车。

师：这说明了父母对你的鼓励。

生：上个学期我参加英语能力竞赛获得了三等奖，妈妈鼓励我，可爸爸却说："这有什么，可能是碰巧对了。再说这已经是过去的事了。"

师：你的遭遇跟巴迪一样，希望结果也像巴迪一样。好了，再读课题。

生："精彩极了"和"糟糕透了"。

师：课文给了我们许多启迪，也给我们留下许多思考。启发的、懂得的，我们课堂讲了。留下思考的，以后再去做人生的探索。下课！

【学习笔记】这一部分是课文的拓展延伸，从课文向学生的生活经验、社会经验延伸。通过课文阅读，走向学生的听说、写作练习，这也是训练学生思维的过程。将学校的书本与社会的书本结合起来，透过学校的书本提升阅读社会书本的能力。实施融通式的教学，这是贾老师阅读课的风格特点。这种融通式的教学，也能够充分发挥语文课作为母语课程的优势及特殊价值。贾老师上《我的发现》一课，也体现了这个思路。

五年级

研读感悟

1.在贾老师的指导下，学生一点点进步，这就是语文课堂的增量价值。进步的学生面越广，进步次数越多，那课堂教学的价值就越大。所以在课堂上，学生不懂、不会，很正常，唯有发现了学生不会的地方，老师才能有针对性地施教。如果像一些公开课，老师问什么，学生答什么，那么这不是精彩，而是失败，说明老师没有教到位，学生不会的还是不会。

2.由于将课文作为语文课的凭借、例子，贾老师常领着学生入乎其中，出乎其里，围绕语言文字的应用，围绕学生语文经验的增值，一步步铺垫，一步步推进，一步步拓展。最后的拓展、延伸，也是贾老师语文课的风格特点。这样就体现了以育人为本，实现了从教课文到教好语文的转变，真正将语文元素融入到了学生的言语生命世界之中。

"精彩极了"和"糟糕透了"*

　　记得七八岁的时候，我写了第一首诗。母亲一念完那首诗，眼睛亮亮地，兴奋地嚷着："巴迪，真是你写的吗？多美的诗啊！精彩极了！"她搂住了我，赞扬声雨点般地落到我身上。我既腼腆又得意扬扬，点头告诉她这首诗确实是我写的。她高兴得再次拥抱了我。

　　"妈妈，爸爸下午什么时候回来？"我红着脸问。我有点儿迫不及待，想立刻让父亲看看我写的诗。"他晚上七点钟回来。"母亲摸着我的脑袋，笑着说。

　　整个下午我都怀着一种自豪感等待父亲回来。我用最漂亮的花体字把诗认认真真地重新誊写了一遍，还用彩色笔在它的周围描上一圈花边。将近七点钟的时候，我悄悄走进饭厅，满怀信心地把它放在餐桌父亲的位置上。

　　七点。七点一刻。七点半。父亲还没有回来。我实在等不及了。我敬仰我的父亲。他是一家影片公司的重要人物，写过好多剧本。他一定会比母亲更加赞赏我这首精彩的诗。

　　快到八点钟时，父亲终于推门而入。他进了饭厅，目光被餐桌上的那首诗吸引住了。我紧张极了。

　　"这是什么？"他伸手拿起了我的诗。

　　"亲爱的，发生了一件奇妙的事。巴迪写了一首诗，精彩极了……"母亲上前说道。

★　本文选自人教版五年级上册，作者为美国作家巴德·舒尔伯格。

"对不起，我自己会判断的。"父亲开始读诗。

我把头埋得低低的。诗只有十行，可我觉得他读了几个小时。

"我看这首诗糟糕透了。"父亲把诗扔回原处。

我的眼睛湿润了，头也沉重得抬不起来。

"亲爱的，我真不懂你是什么意思！"母亲嚷道，"这不是在你的公司里。巴迪还是个孩子，这是他写的第一首诗。他需要鼓励。"

"我不明白，"父亲并不退让，"难道世界上糟糕的诗还不够多吗？"

我再也受不了了。我冲出饭厅，跑进自己的房间，扑到床上失声痛哭起来。饭厅里，父母还在为那首诗争吵着。

几年后，当我再拿起那首诗，不得不承认父亲是对的。那的确是一首相当糟糕的诗。不过母亲还是一如既往地鼓励我。因此我还一直在写作。有一次我鼓起勇气给父亲看了一篇我新写的短篇小说。"写得不怎么样，但还不是毫无希望。"根据父亲的批语，我学着进行修改，那时我还未满十二岁。

现在我已经有了很多作品，出版了一部部小说、戏剧和电影剧本。我越来越体会到我当初是多么幸运。我有个慈祥的母亲，她常常对我说："巴迪，这是你写的吗？精彩极了。"我还有个严厉的父亲，他总是皱着眉头，说："这个糟糕透了。"一个作家，应该说生活中的每一个人，都需要来自母亲的力量，这种爱的力量是灵感和创作的源泉。但是仅有这个是不全面的，它可能会把人引入歧途。所以还需要警告的力量来平衡，需要有人时常提醒你："小心，注意，总结，提高。"

这些年来，我少年时代听到的两种声音一直交织在我的耳际："精彩极了""糟糕透了"；"精彩极了""糟糕透了"……它们像两股风不断地向我吹来。我谨慎地把握住我生活的小船，使它不被哪一股风刮倒。我从心底里知道，"精彩极了"也好，"糟糕透了"也好，这两个极端的断言有一个共同的出发点——那就是爱。在爱的鼓舞下，我努力地向前驶去。

《推敲》课例品读 *

第一课时

师：我们的祖先真聪明，发明了火药、指南针等，对社会的发展起了推动作用。还发明了许多有趣的文字，比如"木"字。（师板书，画"木"，写"休"）一个人在树边上休息。再比如说，"步"，上面指鞋子，下面也是鞋子，两脚跨出去，不是一步吗？词也很有意思，"左右"，（让生举左右手）"左右"又有了新的意思。再比如说"东西"，表示方向，两个字摆一起就变成了物件。

师：这是什么？

生：书。

师：这是什么？

生：粉笔。

师：我是东西吗？

生：你不是东西。

师：变成骂人的话了。

师：中国的汉字很有意思。来看看这个词，（板书："斟酌"）。这"斟酌"分别指倒酒的意思，摆在一起变成考虑的意思了。

师：再看这个词（板书："推敲"）。假如这是门，谁来推？你来敲。（生敲桌子。）

师：谁把课题读一读？

（生齐读课题。）

★　本课例来源于网络，记录者佚名。

五年级

【学习笔记】课文标题是"推敲"，真没想到贾老师会选择从"有趣的汉字"这个角度来导入。由"木－休""步""左右""东西""斟酌"，然后逐渐迁回到"推敲"，由此引出课文标题"推敲"。真可谓匠心独运，别出心裁。

师：这讲了一个什么故事呢？把书念一念。（师范读。）

师：黑板上有几个生字，借着拼音谁来读一读？（生读生字。）

师：不错，四个字都念对了。谁来读下面五个字？（生读。）

师：哪个小朋友能把九个字都念对了？（指名读，再指名读，齐读。）

师：大家看这个字"皎"，左边什么？右边什么？合在一起什么意思？不知道？他和哪个字连在一起？

生：皎洁。

师；什么意思？

生：很白的意思？

师：一般表示什么？

生：表示月亮。

师：换个偏旁，变成其他字。

（生说出校，郊等字。）

师：这些字会读了，自己把课文念念。

（生自读课文。）

师：第一个同学读书流利，还带有一点感情，第二位同学嗓音好听，第三位同学读书姿势最好，待会儿请你们来展示。

【学习笔记】这里体现了贾老师的课堂评价特点。

（生描红。）

师：看一看练习的第三题，有八个词语，哪个小朋友来读一读？

（生读，师再指名读。）

师：避让是什么意思？

生：避让是让开的意思。

（表演避让。）

师：躲开，让出路来，给别人走。

【学习笔记】教学生字词的时候，贾老师特别注意引导学生把握语言符号的能指与所指，还注重将新的语言符号融入学生已有的经验世界中去，从而化为学生的精神财富。为此，贾老师常采用表演的方式，让学生有真切的感受，如此处教"避让"，就表演"避让"。贾老师反对空对空地来学习语言文字符号。

师：沉睡是什么意思？

生：睡得很沉。

师：家境贫寒。

生：家里很穷。

师：贫是什么意思，寒是什么意思。

（生说。）

师：家庭状况很差。

师：给每个小节加个节号。每个小朋友来读一小节，随便读。先告诉大家你读第几节。

【学习笔记】让学生选择自己喜欢的小节，尽量给学生学习的自由。

生：第二节。（读。）

生：第七段。（读。）

（师打断，帮助学生强调"也"是一位诗人，"过了一会"。）

生： 我也喜欢读第七自然段。（读。）

师： （师打断）你能不能读得快一些。（示范，并给予表扬，再示范。）

师： 孩子们，听着，他很会读书，前后语调有变化，这就叫有感情地朗读。继续。

（生继续读第七自然段。）

【学习笔记】什么是有感情地朗读？仅仅口头说说，显得很抽象。于是贾老师发现学生有感情地朗读，就让他停下来，并解释给大家听，"孩子们，听着，他很会读书，前后语调有变化，这就叫有感情地朗读。继续。"可见，学生也是课程资源，引导学生之间相互学习，这是贾老师一贯注重的要点。

生： 我想读第三自然段。（读。）

师： 这一段中这句话读得最好，"大街上的人看到他这个样子"，这个样子，你给大家示范一下。

（生示范。）

【学习笔记】"这个样子"就是前文描述的"贾岛骑着毛驴，一边吟哦，一边做着敲门、推门的动作，不知不觉进了长安城"，这里正好牵涉到课文标题"推敲"，属于课文理解的教学要点，于是贾老师要这位同学给大家示范一下，即由文字描述转化为动作表演。这不仅有助于理解课文内容，而且有利于学生形象思维能力的发展。

生： 读第八自然段。（读。）

师： 刚才六个小朋友中读得好的是第六个。但你读得很认真，再给你一次机会。

（生读。）

【学习笔记】在指导学生练习方面,贾老师喜欢抓两头,对于读得好的,要他再读,供大家仿效;对于读得差的,也要他反复读,直到读好。有一次贾老师上阅读公开课《我的发现》,有一位学生读不好,贾老师让他反复读,一边读一边给予指导、示范,一直待这位学生读到第 10 遍才读好,那一刻全场掌声响起。

生:我想读第五自然段。

生:我想读第四自然段。(师让生齐读第一自然段。)

师:这个故事发生在距今天好几百年前了。说到贾岛,他生于 779 年,死于 843 年,活了 64 岁。如果把唐朝放在前面怎么说?

生:唐朝的贾岛是一名诗人。

师:如果把诗人放在前面怎么说?

生:诗人贾岛是唐朝的。

【学习笔记】贾老师让学生随时有机会做语文小练习。这些小练习,嵌入课堂情境,好像小游戏一样,学生喜欢,效果也好。紧接着下面让学生背李白的诗也是如此。

师:唐朝盛,诗歌旺。出了好多诗人,你还知道哪些唐朝的诗人?

生:李白,杜甫,贺知章。

师:谁能背李白的诗?

生:我会背《望庐山瀑布》。

师:贾岛虽然没有李白有名,但也写了一些诗。这首诗的全诗是这样的。(师读,并解释。)

生:他明明是敲的,为什么诗里是推呢?

师:还有什么不明白的问题吗?

生：这篇为什么叫《题李凝幽居》。

师：题是写，李凝是他的朋友，幽是幽静，居是房子。

生：鸟已经沉睡了，怎么还被惊醒？

生：比比画画是什么意思？

师：我也不知道，你一边走，一边比比画画。（生来表演，教鞭当马。）

【学习笔记】贾老师不直接口授，而是让学生来表演"比比画画"，拿教鞭当马，这样达到的效果远远比直接告诉他们要好很多。语言符号常是抽象的，演一演、做一做，要深刻很多。

生："簇拥"是什么意思。

师："簇"是什么意思，许多，许多东西或许多人拥挤在一起意思。

生："犹豫不决"是什么意思？

师：拿不定主意。

生："吟哦"是什么意思？

师：朗读，唱。

第二课时

师：黑板上有四个填空。看黑板。

（1）贾岛在（　　　　）到（　　　　），去（　　　　），留（　　　）。

生：贾岛在夜晚去看朋友，没有遇到李凝，留下了一首诗。

师：看第二个。

（2）他对诗中（　　　）犹豫不决，甚至（　　　　）。

生：他对诗中用"推"还是用"敲"犹豫不决，甚至一路走，一边比比画画。

师：谁能把两个问题连在一起说？（生把两个问题连起来说。）

师：（3）结果他冲撞了（　　），和（　　）商量了起来，认为还是用（　　）好。

（师介绍韩愈。）

师：把三个问题连在一起说。

师：（4）用敲的理由有哪三个？

生：（1）有礼貌。（2）这样更能衬托出夜色宁静。（3）读起来也比较响亮。

师：自己把黑板上四个问题连起来说，待会看看谁说的好。

【学习笔记】看课文内容——教师提供支架（1-4），学生依次完成（1-4）——学生依据支架（1-4），用自己的话来说说课文内容。这样在老师的帮助下，学生逐渐将课文的书本语言转化为自己的口头语言，整个过程都是以学生的语文学习为主，老师的设计、指导为辅，目标是提高学生的语文运用能力。

师：我请三个同学来说。

生：贾岛在一个夜深人静的夜晚去拜访李凝，没有遇到朋友，留下了一首诗。他对诗中的"推"字犹豫不决，甚至骑在毛驴上比比画画，冲撞了韩愈的仪仗队，和韩愈商量起来，决定用"敲"，理由有三：一是表现自己有礼貌，二是更能衬托出夜色宁静，三是读起来也响亮好听。后人便用"推敲"来表现斟酌文字。

师：真好，表扬。第二位要后来居上。（第二位说。）

师：第三位不能看黑板，我把它擦了，你说。（生说。）

师：也不错，难度大了些。（师复述。）

师：把书翻开，59页有一句话，"月夜访友"这一句自己读一读。（指名读，再指名读，齐读。）

五年级

137

师：我说上半句，你说下半句。不好，下雨了，教室的窗子没关，即使我摔倒了，我也要（　　　　）。妈妈是个守时的人，即使再忙，（　　）。

生：即使再忙，也要按时到岗。

师：我是个爱劳动的人，即使我功课再多——。

生：我也会妈妈分担家务。

师：我说上半句，你说上半句。风很猛，雨很大，＿＿＿＿我也要到车站去接妈妈。

生：即使我淋湿了，我也要到车站接妈妈。（请两名学生在黑板造句，其他小朋友在下面造。）

师：请四位同学来交流。

（生四人交流。）

师：你们这些句子是对的，但是没有好的。下面看黑板上。

生：妈妈生病了，我即使功课再多，也要——

师：我很着急，没有人送她上医院怎么办了？即使风再大，我也要把她送到医院里去。

【学习笔记】这里是用教材教语文的典型例子。选入语文课本的文章，原初绝大多数都不是为了学语文而写的。既然编者把这些其他领域的文章选入语文课本，就是认为这些文章具有语文学习的价值。不过这些教学价值是潜藏的，要真正落地，需要语文老师的创造性处理、加工，才能实现教学价值向学生语文素养的转化。这个加工、转化的过程，就是开发语文教材，设计语文活动，供学生练习、提高。贾老师根据书本第59页"月夜访友"这一句话，设计语文活动，他说上半句，让学生说下半句，就是这个加工、转化的过程。这里面体现了语文教师的专业功夫。

师：（出示诗歌《泊船瓜洲》）"京口瓜洲一水间，钟山只隔数重山。春风又绿江南岸，明月何时照我还。"这个"绿"字就是诗人反复推敲的结果。下面我们来做个练习，看看你听得出里面的毛病吗？我问妈妈你在干什么？妈妈回答我：我在冰箱里找东西呢！

生：我在厨房里找东西呢！

师：是要从冰箱里拿东西呀！

生：我要从冰箱里拿东西。

师：《大宅门》：我从小看着你长大呢！

生：我看着你从小长大呢！

生：我看着你长大！

师：我的家住在白玉兰小区。

生：家怎么住在白玉兰小区呢？应该是我住在白玉兰小区。

师：如果一定要把家放进去呢？

生：我家在白玉兰小区。

师：这里，环境幽雅，道路两旁种着许多砍倒的树木。

生：道路两旁种着许多高大的树。

师：你真了不起，跟他们不是一个档次的。树木是砍倒的，死了树去种它干吗呢？什么样的树？

生：道路两旁种着高大的参天大树。

师：既然是高大了，就不要参天大树了。什么样的树呢？

生：道路两旁种着高大的梧桐树。

师：好文章是推敲出来的，修改出来的，要细细推敲。下课。

【学习笔记】从课题"推敲"进入，到学习课文内容，再走出课文，拓展延伸，这是贾老师教这篇课文的大致思路。这个思路的背后，是从文本本身回到学生的语文生活，从唐朝贾岛的"推敲"故事，转化为每个学生的"推敲"意识、"推敲"习惯。因此文章背后的拓展延伸，就安排了推敲练习，传播了"推敲"理念，即贾老师最后说的"好文章是推敲出来的，修改出来的，要细细推敲"。

研读感悟

1. 贾老师的《推敲》阅读课，自始至终散发着浓浓的汉语味、中华情，显得大气，有高度。这种感觉从课文的导入环节，就有强烈的感受。这背后折射出贾老师本人对汉语文化的热爱与修为。另外，贾老师教《推敲》，不仅仅是教这一篇课文，而且力求传承我国古人历来重视的"推敲"精神，并希望将这种"推敲"精神融入学生的日常语言文字应用过程中去。为此，贾老师从这点出发设计了后面的拓展延伸练习，这个教学理念确实好。

2. 贾老师的《推敲》阅读课，也体现了他的一些典范的教育教学理念。如务实精神。贾老师给孩子们上语文课，他总是会用心琢磨：通过这次语文课的学习，他们能够学到什么，生字词是不是学会了，课文是不是读懂、读通了，还有听说读写能力是不是有所增益。贾老师就认定这个方向来设计语文教学方案。也正是从这个基本理念出发，贾老师自觉地遵从语文教学规律，遵从学生的认知发展规律。贾老师要求实效，不要花架子，这是他的语文课广受好评的内在原因。因为追求务实精神，在《推敲》这一课教学中，贾老师处处从学生学语文的角度来设计小练习，来安排训练，加以点拨、指导。一堂课教下来，贾老师预期的教学目标都已悉数达到。又如灵活创新的精神。贾老师一方面要使自己的语文课有实效，另一方面又要让学生喜欢听课、乐于参与，为此他就要想办法，出点子，力求教学设计有些新意，富有变化，最好是能够"出其不意"，从而创造性地达到实效目标。贾老师在这方面的不懈努力，反映在他的语文课上就是很活、很妙，别人没有想到的地方，他想到了。这其实就体现了创新精神。务实精神与创新精神，是贾老师语文课的灵魂。

附 课文原文

推敲 *

唐朝有个诗人叫贾岛，早年因家境贫寒，出家当了和尚。

一天，贾岛去长安城郊外拜访一个叫李凝的朋友。他沿着山路找了好久，才摸到李凝的家。这时，夜深人静，月光皎洁，他的敲门声惊醒了树上沉睡的小鸟。不巧，这天李凝不在家，贾岛就把一首《题李凝幽居》的诗留了下来。

第二天，贾岛独自骑着毛驴返回长安。半路上，他想起昨夜即兴写成的那首小诗，觉得"鸟宿池边树，僧推月下门"中的"推"字用得不够妥帖，或许改用"敲"字更恰当些。贾岛骑着毛驴，一边吟哦，一边做着敲门、推门的动作，不知不觉进了长安城。大街上的人看到他这个样子，都感到十分好笑。

这时，正在京城做官的韩愈，在仪仗队的簇拥下迎面而来。行人、车辆都纷纷避让，贾岛骑在毛驴上比比画画，竟然闯进了仪仗队中。

两个差人将贾岛带到韩愈面前。韩愈问："你为何冲撞我的仪仗队？"

贾岛回答道："我正在斟酌诗里的一个字眼儿，无意间冲撞了大驾，求您宽恕。"

接着，贾岛就把自己写诗的事告诉了韩愈，并说自己正在犹豫不决，不知道是用"推"好，还是用"敲"好。韩愈也是一位著名的诗人，便很有兴致地思索起来。过了一会儿，他对贾岛说："还是用'敲'字更好些。月夜访友，即使友人家门没有闩，也不能莽撞推门，敲门表明你是一个懂得礼貌的人。再说，用'敲'字更能衬托出月夜的宁静，读起来也响亮些。"

★ 本文选自苏教版五年级上册。

贾岛听了，连连点头。

后来，人们就把在写诗和作文时斟酌文字叫作"推敲"。

《十里长街送总理》课例品读 *

教学要求

1. 学会课文生字新词；熟悉课文，在理解的基础上背诵课文第二段。

2. 在理解课文、掌握各段主要内容的基础上，指导学生给课文加小标题。

3. 深入理解课文中的一些句子。

教学时间

2 课时

第一课时

一、导入

师介绍：周恩来总理早年参加了革命。为了中国和世界革命，奋斗了一生。周总理病重期间，还惦念着人民。一九七六年一月八日凌晨，周总理不幸逝世。当这噩耗传出以后，全国人民沉浸在极度的悲痛之中。

首都人民得到周总理遗体要火化的消息，不顾"四人帮"的阻挠，自发地在清晨赶到东西长安街，戴着黑纱，佩着白花，一直等到天黑，就为了送别周总理。长安街两旁挤满了男女老少，周总理的灵车缓缓地开来了，车轮碾碎了人们的心。

今天我们要学习的课文，写的是 1976 年，我们敬爱的周总理的灵车经过北京长安街时，首都人民群众向周总理告别的感人情景。

出示课题，和生一起讨论：看课题可以知道，这篇课文主要写的是哪

* 本课例选自《贾老师教语文》，上海教育出版社，2000 年，第 34—39 页。

五年级

个字？（写的是"送"字。）那么送谁呢？（送"总理"。）谁送总理呢？
（不是"十里长街"而是首都人民——包括来自全国各地的人民在十里长
街上送别总理。）

指导读课题："十里长街"读得要深情；"总理"读得要有感情；"送"
字要强调，读时调要高一点，音拖长一点。

【学习笔记】1.在介绍时代特征及背景知识的基础上，引导学生分
析课题的表意特点，来指导他们正确朗读课题。让学生知其然，又知其所
以然，有利于指导学生朗读。2.通过正确朗读课题，有助于学生迅速进入
课文的情感氛围之中，为进一步理解课文内容做好铺垫。

课文是怎样写"首都人民在十里长街上送别总理"的动人情景的呢？
请大家默读课文，读时，要做到以下两点：

1.读准课文中的生字、新词；

2.能说出这篇课文的主要内容。

【学习笔记】布置语文活动，给学生的要求要具体、清晰。

生默读课文，教师巡视指导。

二、教学课文生字新词

拄着拐杖　妻子　踮着脚跟　挽幛

肃穆　腮　矫健　身躯　不约而同　眼睁睁

挽幛——挽，哀悼死者；幛，整幅绸布。指哀悼死者吊唁用的整幅绸布。

不约而同——约，商量。事先不经商量而行动却一致。

眼睁睁——指眼睛睁得大大的，一眨也不眨地望着。

【学习笔记】通过课文学习，掌握课文中的生字词，是贾老师一贯注重的语文教学内容。

三、讨论课文主要内容

课文主要叙述谁？（首都人民——包括来自全国各地的人民。）首都人民做什么？（在十里长街上送别总理。）

指导帮助学生概括课文主要内容。（本文主要描绘1976年1月的一天，首都人民在长安街两旁送别周总理的感人情景。）

四、分析课文

课文分三个自然段落，按其内容，亦可分三个部分。

（1）先学习课文第一段。第一段共有六句话，又可以分两个层次：第一层次，写灵车到来之前长安街上的场面；第二层次，具体写人们等待灵车时的动作、神态。

指导学生根据层意划分层次。

第一层"……方向"；第二层"……望着，望着……"

第一层有三句话。（指导学生朗读，读后讲述。）

第一句话，写了当时的天色、天气和气候："天灰蒙蒙的，又阴又冷"。写景是为了抒情。总理逝世以后，人们的心情非常悲痛，送别的这一天，天色"灰蒙蒙的"，天"又阴又冷"，更加突出了人们忧郁的心情，读时要轻，速度可放慢些。第二句话，写了"长安街两旁的人行道上挤满了男女老少"，"路是那样长，人是那样多"。后面一句话，"向东望不见头，向西望不见尾"补充说明"路长人多"。第三句话用了三个"都"："人们的臂上都缠着黑纱""胸前都佩着白花""眼睛都望着周总理的灵车将要开来的方向"，说明人们不怕"四人帮"阻挠，不约而同地来送别总理。而后具体地写了"一位满头银发的老奶奶""一对青年夫妇""一群红领巾"等待总理时的动作与神态。他们都是普通的群众，他们又是千万群众的代表；他们的心情也是亿万人民的心情，这些具体的描写，反映了周总理一直活在人民的心中。

【学习笔记】抓住关键性语句，从作者如何具体描写的角度，来引导学生体会文本的抒情特点，如"总理逝世以后，人们的心情非常悲痛，送别的这一天，天色'灰蒙蒙的'，天'又阴又冷'，更加突出了人们忧郁的心情，读时要轻，速度可放慢些"。透过文本字里行间的表达特点，把握作者的隐含意思，这是小学生阅读能力提升的难点、弱点。这一部分教学中，贾老师通过精读策略，试图在引导、启发学生突破这个难点、弱点。

（请三位学生读描写三个年龄的人物等待总理的动作、神态的句子。）

（2）学习课文第二段。

第二段共八句话，也可以分成两个层次。第一层次写"总理灵车来了"，第二层次写作者的联想。

请学生根据层意，划分层次。（第一层"……泪水"；第二层"……就到了！"）

第一层次共五句话。第一句"夜幕开始降下来"，说明天色已经很晚了，与前面"天灰蒙蒙的"相呼应。接着写周总理的灵车"缓缓地开来了"，第三句话具体地描绘灵车的布置，"四周挂着黑色和黄色的挽幛，上面佩着大白花"，显得庄严、肃穆；第四句话，写人们的心情和目光；第五句话写了人们送别总理的感人情景。"指挥"是发令调度的意思，"发声的指挥"实际上是不存在的，课文这样说，深刻、形象地写出了在没有指挥的情况下，人们动作、表情一致。"不约而同"指事前没有经过商量而行动却一致，在课文中形容人们一致的表情、动作是十分贴切的。这几句话，表现了人民群众无限怀念周总理的情感。

第二段后面三句话写了作者的联想。作者在写到人们悲痛地望着灵车的时候，回想起周总理检阅群众和迎送国际友人的情景。长安街、周总理、这些人民群众在同一时间出现，以这样的联想非常自然地回顾当年见到周总理的幸福，更增添了人们思念总理的悲痛。

【学习笔记】精读文本，吃透文本，这是老师备课的基本功。如果对文本不熟悉，教学难免陷入被动境地。

指导学生朗读第二段并背诵第二段第一层次。

检查学生背诵情况。

第二课时

一、课堂检查

默写：拐杖 挽幛 肃穆 身躯 不约而同

听写：人们心情沉重，目光随着灵车移动，好像有谁在无声地指挥，老人、孩子、青年、妇女，都不约而同地站直身体，摘下了帽子，眼睁睁地望着灵车，哭泣着，顾不及擦去腮边的泪水。

二、分析课文

学习课文第三段。

学生自由朗读第三段。

课文第二部分作者先叙述，后抒情。第三段作者则采用一边叙述一边抒情的方法来写。请学生找出作者联想的句子。（……牵动着千万人的心。……人们多么希望车子能停下来，希望时间能停下来！……好像在等待周总理回来。）

"人们多么希望车能停下来，希望时间能停下来"，"多么"一词表示程度很高，"多么希望"指迫切希望的意思；时间是不能停下来的，作者借这句话来表现人们怀念总理的深沉的感情。人们希望再多看一眼总理，希望同总理永远在一起。

指导朗读第三段：学生读陈述句，老师读联想句。

小结：尽管人们多么希望车子能停下来，时间能停下来，然而，灵车还是"渐渐地远去了"，而且"终于消失在苍茫的夜色中"，人们还是"静静地站着、站着"，站着做什么？"好像在等待周总理回来"。

有感情地朗读课文第三段。

指导学生给每段课文加上小标题：

1. 首都人民焦急而耐心地等待周总理灵车的到来；

2. 首都人民怀着沉痛的心情目送周总理离去；

3. 首都人民还等待着周总理的归来。

这是每段大意，如果加小标题，可以再从大意里提炼出能表达这段大意的词语，可以是一个短句，也可以是一个词组，但必须集中、醒目，叫人一目了然。如：

1. 等总理；

2. 望灵车想总理；

3. 等待周总理归来。

也可以摘录文章中片言只语作文章小标题，如：

1. 望着、望着……

2. 永别了！

3. 等待周总理回来。

【学习笔记】通过抓小标题的阅读策略，不仅有助于培养学生通过抓中心、把握文章主要内容的能力，而且有利于训练学生的概括技能。拟小标题的方法，这里列了3种：用完整的句子来做小标题；抓关键词或短语做小标题；摘录原文中的关键词或短语做小标题。

指导朗读全文，背诵课文第二段。

发给朗诵补充材料《周总理，你在哪里？》。

三、布置作业

1. 有感情地朗诵课文、背诵第二段。

2. 理解词语、抄写句子。

3. 给每段课文加小标题。

【学习笔记】作业布置，主要是巩固学生课堂所学的关键内容。

研读感悟

这是贾老师 30 多年以前的一篇教学设计，从风格来看，留有那个时代的烙印，立足文本，深入挖掘，显得很平实、扎实。自由发挥的地方很少。从时代背景及课文内容来看，这种处理是合适的，有利于烘托出庄重、肃穆的精神氛围。上课过程中，这个特点表现得更加突出，由于感情上太投入，学生哭了，教师哭了，来听课的老师也哭了。贾老师在《课堂的记忆》一文中写道："30 年前，课堂上。一个小女生正声情并茂地朗读《十里长街送总理》。读得实在太好了！听者全都屏住呼吸，几位听课老师还掏出手绢悄悄抹去泪水。读完，教师走到这个小女生跟前，问：'有纸巾吗？'小女生点点头，从衣袋里掏出纸巾递给教师。教师弯着腰，把脸凑到小女生跟前，说：'帮我擦去泪水，是被你感动的。'泪水被擦去之后，教师向她要这张纸巾，准备扔到纸篓里去。小女生说：'不给行吗？我想保存它。'教师点点头，走开了。这个流泪的教师，就是本人；那位小女生后来成了上海电视台的节目主持人。"总之，课文很感人，老师教得更感人，这节课可谓生动诠释了语文工具性与人文性的统一。

五年级

附　课文原文

十年长街送总理 *

　　天灰蒙蒙的，又阴又冷。长安街两旁的人行道上挤满了男女老少。路那样长，人那样多，向东望不见头，向西望不见尾。人们臂上都缠着黑纱，胸前都佩着白花，眼睛都望着周总理的灵车将要开来的方向。一位满头银发的老奶奶拄着拐杖，背靠着一棵洋槐树，焦急而又耐心地等待着。一对青年夫妇，丈夫抱着小女儿，妻子领着六七岁的儿子，他们挤下了人行道，探着身子张望。一群泪痕满面的红领巾，相互扶着肩，踮着脚望着，望着……

　　夜幕开始降下来。几辆前导车过去以后，总理的灵车缓缓地开来了。灵车四周挂着黑色和黄色的挽幛，上面装饰着大白花，庄严，肃穆。人们心情沉痛，目光随着灵车移动。好像有谁在无声地指挥，老人、青年、小孩，都不约而同地站直了身体，摘下帽子，眼睁睁地望着灵车，哭泣着，顾不得擦去腮边的泪水。

　　就在这十里长街上，我们的周总理迎送过多少位来自五洲四海的国际友人，陪着毛主席检阅过多少次人民群众。人们常常幸福地看到周总理，看到他矫健的身躯，慈祥的面庞。然而今天，他静静地躺在灵车里，越去越远，和我们永别了！

　　灵车缓缓地前进，牵动着千万人的心。许多人在人行道上追着灵车奔

★　本文选自浙教版五年级上册，作者吴瑛。

跑。人们多么希望车子能停下来，希望时间能停下来！可是灵车渐渐地远去了，最后消失在苍茫的夜色中了。人们还是面向灵车开去的方向，静静地站着，站着，好像在等待周总理回来。

五年级

《黄鹤楼送别》课例品读 *

师： 看老师写一个字（教师板书"诗"）。

（生齐读。）

师： 诗是什么？诗是用凝练的语言表达人们的思想和感情的一种文体。

现代人写的诗叫现代诗，古人写的诗叫古诗。古诗除了语言凝练外，它还有格式要求，比如押韵，比如字数，五言、七律等等。古诗是咱们中华民族文化的瑰宝。

师： 你最喜欢的古诗是哪一首？背来听听。

生：《六月二十七日望湖楼醉书》，苏轼：

黑云翻墨未遮山，白雨跳珠乱入船。卷地风来忽吹散，望湖楼下水如天。

生：《浪淘沙》，刘禹锡：

九曲黄河万里沙，浪淘风簸自天涯。如今直上银河去，同到牵牛织女家。

生：《望庐山瀑布》，李白：

日照香炉生紫烟，遥看瀑布挂前川。飞流直下三千尺，疑是银河落九天。

师： 中国古代有影响的大诗人很多，你知道有哪几位？

生： 李白、杜甫。

生： 王维、杜牧。

生： 孟浩然。

生： 贾岛、白居易……

师： 这几位大诗人中谁有"诗仙"之称？

生： 杜甫？

师： 杜甫被人尊称为"诗圣"。"诗仙"指的是……

生： 李白。

师： 李白的诗还记得吗？（指名背。）

★ 本课例由贾志敏老师提供，记录人为许金花老师。

生：《静夜思》，李白：

床前明月光，疑是地上霜。举头望明月，低头思故乡。

生：《赠汪伦》，李白：

李白乘舟将欲行，忽闻岸上踏歌声。桃花潭水深千尺，不及汪伦送我情。

……

师：其中李白有一首著名的诗《黄鹤楼送孟浩然之广陵》（板书古诗题目），熟悉吗？（屏幕出示古诗）谁来读？

生：《黄鹤楼送孟浩然之广陵》，李白：

故人西辞黄鹤楼，烟花三月下扬州。孤帆远影碧空尽，唯见长江天际流。

【学习笔记】从"诗"入手，逐步迂回导入，不经意间引着学生切入课题。（1）介绍诗的文体特征。（2）介绍诗的类型。（3）转换角度：从学生经验出发设问，先请学生背诵自己最喜欢的古诗；然后请学生回忆自己熟悉的古代大诗人；再通过"诗仙"切入到本篇课文的作者李白。（4）让学生在熟悉原来学过的李白名篇《静夜思》《赠汪伦》之后，进入本课《黄鹤楼送孟浩然之广陵》的学习。这种导入方法，看似随意，其实是贾老师的精心设计。贾老师希望在学习李白的新诗之前，引导学生自然而然地温习诗歌的常识及过去学过的李白诗作。将新的学习经验建立在过去已有的经验基础之上，从而产生"滚雪球"的累积效应。这是贾老师历来重视的教学原则。

师：读诗不仅要正确，还要读出诗的节奏。谁再来读？

生：《黄鹤楼送孟浩然之广陵》，李白：

故人西辞黄鹤楼，烟花三月下扬州。孤帆远影碧空尽，唯见长江天际流。

师：读出了诗的节奏，谁再来读？

（生读。）

师：你读出了诗的韵味。读诗要读得缓慢一点。大家一起读。

（生齐读。）

师：能背下来吗？

（生齐背。）

【学习笔记】贾老师呈现《黄鹤楼送孟浩然之广陵》之后，先后要求学生读诗要读正确，要读出诗的节奏，要读出诗的韵味，最后背诵全诗。一边逐层提要求，一边逐一落实、评价。这样老师教得有条不紊，学生学得步步深入，学生越学越有成就感，实现良性循环。

师（指题目）：黄鹤楼在哪里？

（屏幕出示黄鹤楼图片。）

师：黄鹤楼在湖北武汉，与湖南的岳阳楼、江西的滕王阁并称为"江南三大名楼"，一直享有"天下绝景"的盛誉。

师：（指黄鹤楼图片）看，黄鹤楼的角好像要飞起来似的，文中有一个词用来形容它是再恰当不过了，那就是（屏幕出示）——飞檐凌空。

（生齐读。）

师：孟浩然是谁？

生：孟浩然是一位诗人。

师：对，孟浩然是一位大诗人。他比李白年长，是李白的师长、朋友。

师：那广陵呢？

（生沉默不语。）

师：它是江南扬州，也是江泽民同志的故乡。

师（再指古诗题目）：在黄鹤楼上，李白送他的好友孟浩然到扬州去。

（师吟诵古诗：故人西辞黄鹤楼，烟花三月下扬州。孤帆远影碧空尽，唯见长江天际流。）

师：这节课我们一起学习一篇新的课文。（教师擦掉"孟浩然""之""广陵"，板书课题。）

生齐读课题。

【学习笔记】贾老师围绕"黄鹤楼""孟浩然""之""广陵"等关键处，解释课题"黄鹤楼送孟浩然之广陵"的主要意思。

师：这是一篇文章，是作者根据诗的意思，展开丰富的想象，将诗包在文章之中（在"诗"字前边板书"文包"），这样的文章体裁就是"文包诗"。

【学习笔记】介绍这篇文章的体裁是"文包诗"。在备课、教学时，贾老师一贯注重课文的文体特征。

师：全文共 5 个自然段，请同学们读一遍课文。

（生"自由"读课文。）

师：课文读完了，文中的生字都认识吗？（屏幕出示文中生字）

（生开始读、齐读。）

师："唯"是本课中一个特别不容易写好的字，（屏幕出示"唯"字）看，"唯"字的"口"一定要写小点，中间的撇要托住口字，右边的四横中间两横略短，最后一横略长。

（教师示范写，学生描红后临写。）

师：生字学会了，词语会读吗？（屏幕出示词语）

（生自由读后齐读。）

师：这些词语中有没有不理解的词语？

生："脍炙人口"这个词语我不理解。

生：老师，我可以帮他解决。我认为"脍炙人口"的意思就是说文章很有名吧。

师："脍"指切细的肉。"炙"指烤熟的肉。原意是指美味人人爱吃。

五年级

后来用这个词语比喻好的诗文受到人们的称赞和传诵。

生："永世不绝"什么意思？

师：（屏幕出示）看，"永世不绝"中的"绝"在字典中有这几个解释：断绝、完全没有了、走不通的、独一无二的、绝句。你认为该选哪一个？

生：我认为该选取第一种解释：断绝。

师：同意吗？李白和孟浩然的感情永远不会断绝。

【学习笔记】主要采用对话的方式来引导学生学习生字词，教学气氛自然、活泼。

师：送别在文中第三自然段中表现得最充分，李白举起酒杯送孟浩然，孟浩然接过酒杯安慰他，谁来读读第三自然段？

生：（有感情地朗读）终于，李白举起了酒杯说："孟夫子，您的人品令人敬仰，您的诗誉满天下。自从我结识了您，就一直把您当作我的兄长和老师。今天您就要顺江东下，前往扬州，不知我们何日才能再见面，就请您满饮此杯吧！"孟浩然接过酒杯，一饮而尽，然后说道："王勃说得好：'海内存知己，天涯若比邻。'虽然我们暂时分别了，我们的友谊却像这长江的波涛永世不绝。"

师：看着好友的船渐渐消失在蓝天的尽头，李白实在按捺不住激动的心情，随即吟出了脍炙人口的古诗《黄鹤楼送孟浩然之广陵》，诗里边藏着很深的情感。谁来读读课文的第五自然段？

生：岸边杨柳依依，江上沙鸥点点。友人登上了船。白帆随着江风渐渐远去，消失在蓝天的尽头。李白依然伫立在江边，凝视着远方，只见一江春水浩浩荡荡地流向天边……

师：李白在黄鹤楼送孟浩然，是在什么时候？

（生沉默。）

师：看诗，从哪里可以看出来？

生：我从"烟花三月下扬州"这句诗中看出李白送孟浩然是在三月。

师：文中写三月特征的有3个词，共12个字，找找。

生：描写三月特征的词语有：暮春三月、烟雾迷蒙、繁花似锦。

师：（屏幕出示第一自然段）带着你对这三个词语的理解读读课文第一自然段。

生：暮春三月，长江边烟雾迷蒙，繁花似锦，年轻的李白正在黄鹤楼上为大诗人孟浩然饯行。

师：烟雾迷蒙的三月，繁花似锦的三月，谁再来读读？让我们感受到阳春三月的美丽。

（生再读。）

师：文中写黄鹤楼地势险要、气势磅礴的有2个词，共8个字，找找。

生：描写黄鹤楼的词语是：俯临长江、飞檐凌空。

师："俯临长江"是什么意思？

生："俯临长江"就是说黄鹤楼在长江边上，面临着长江。

师：哦，"俯临长江"就是"面临长江"，那作者为什么不写"面临长江"而写"俯临长江"呢？

生：黄鹤楼建立在山上，站在黄鹤楼看长江的话是从上向下看，所以说用"俯临长江"更为准确些。

师：是的，黄鹤楼不但建立在山上，楼高还有50多米呢，所以是"俯临长江"。

师：李白、孟浩然在这儿依依不舍又沉默寡言，文中是怎么写的？

生：李白和孟浩然一会儿仰望蓝天白云，一会儿远眺江上景色，都有意不去触动藏在心底的依依惜别之情。

师：相见时难别亦难哪，难道他们心中都没有话要说吗？

生：有。

师：心中有无数的话要说，但文中却一句语言的描写都没有写，可谓是此时无声胜有声哪，再读！

五年级

（生再有感情地朗读。）

【学习笔记】贾老师历来重视紧扣文本，从言语形式特征的角度，来引导学生把握文意，如研读诗作，从哪里看得出李白是什么时候在黄鹤楼送孟浩然的；文中写三月特征的有3个词，共12个字，请学生找到、理解；文中写黄鹤楼地势险要、气势磅礴的有2个词，共8个字，请学生找到、理解；引导学生揣摩"俯临长江"的意思等。这样就从教课文转向为教语文，这个方向显然是由贾老师来掌控的。可见，教得好确实可以有效促进学生的学习质量提升，重视"学"，却不可由此忽视"教"。

师：不忍别时终须别，终于，李白举起了酒杯，（出示第三自然段）谁来读？

生：终于，李白举起了酒杯说："孟夫子，您的人品令人敬仰，您的诗誉满天下。自从我结识了您，就一直把您当作我的兄长和老师。今天您就要顺江东下，前往扬州，不知我们何日才能再见面，就请您满饮此杯吧！"孟浩然接过酒杯，一饮而尽，然后说道："王勃说得好：'海内存知己，天涯若比邻。'虽然我们暂时分别了，我们的友谊却像这长江的波涛永世不绝。"

师：一个满怀敬仰，一个宽慰友人，请这两组同学读李白的话语，另两组的同学读孟浩然的话语，再来感受他们深厚的感情。

（生分组有感情地朗读对话。）

师：读到这里，老师也想和大家一起读一读，感受他们深厚的师长情、朋友情啊！

（师生分角色读。）

【学习笔记】分角色朗读，确实有助于学生更好地把握文章的情感。师生互动朗读，将教学推向高潮。教学方法的选择，切合教学内容，这是贾老师教学的基本原则。

　　师：好一个永世不绝呀！（屏幕出示第四自然段）

　　师（配乐朗读）：岸边杨柳依依，江上沙鸥点点。友人登上了船。白帆随着江风渐渐远去，消失在蓝天的尽头。李白依然伫立在江边，凝视着远方，只见一江春水浩浩荡荡地流向天边……

　　师：谁来读？

　　（生有感情地读。）

　　师：流去的可能有李白无限的牵挂吧！可能有李白无尽的思念吧！请你再读。

　　（生朗读。）

　　师：友人的船渐渐消失在蓝天的尽头，李白依然伫立在江边，凝视着远方，谁再来读？

　　（生朗读。）

　　【学习笔记】情感导引朗读法，师生互动，教促进学，教带动学，教学相长。这个片段的教学，给人感觉恰似"从游式"的教学风格，"大鱼带小鱼"，畅游诗海。另外这也是下面背诵的铺垫环节。

　　师：多么迷人的景色、多么深厚的感情呀，不把它背下来多可惜，请你背会它。

　　（学生练习背诵。）

　　师：借助老师的提示，谁来背？

　　出示提示【岸边（　　　　），江上（　　　　　）。友人（　　　）。白帆（　　　　），（　　　　）。李白（　　），（　　　），（　　）……】

　　（生背。）

　　师：提示没有了，还能背出来吗？岸边的景怎样？

五年级

师：岸边的人呢？

生：（齐背）友人登上了船。白帆随着江风渐渐远去，消失在蓝天的尽头。李白依然伫立在江边，凝视着远方，只见一江春水浩浩荡荡地流向天边……

师：看此情景，李白怎样？谁来说说？

生：李白按捺不住激动的心情，随即吟出了脍炙人口的名诗——《黄鹤楼送孟浩然之广陵》：

故人西辞黄鹤楼，烟花三月下扬州。

孤帆远影碧空尽，唯见长江天际流。

师：能背下来吗？

（生齐背。）

【学习笔记】贾老师，真乃善教也。在做了充分的铺垫、引导之后，贾老师采用4个步骤来指导学生背诵第4自然段。（1）情感激发背诵动机。"多么迷人的景色、多么深厚的感情呀，不把它背下来多可惜，请你背过它。"（2）提供背诵提示，鼓励学生尝试背诵。"借助老师的提示，谁来背？"（3）撤去背诵提示，边引导边背诵，小步子推进。"提示没有了，还能背过吗？岸边的景怎样？""岸边的人呢？""看此情景，李白怎样？谁来说说？"（4）最后要求全文背诵。何谓循循善诱，此之谓也。教学过程中，老师的心态不要太急切，"一口吃出大胖子"，而需要一步步引导学生，小步子推进，自然水到渠成，渐入教学佳境。此乃善教也。

师：课文我们就学到这儿，也许老师考虑不周到，同学们可能有许多问题不明白，提出来我们共同探讨。

生："饯行"是什么意思？

生："饯行"的"饯"是"食"部旁，应该和吃饭有关。

师：你很聪明，"饯行"就是借酒送行，以吃饭的形式告别朋友。

生："沙鸥点点"是什么意思？

（生无语。）

师：沙鸥也叫江鸥，是海鸥的一种。"沙鸥点点"就是说……

生：就是说沙鸥在离我们很远的长江上空飞行，看起来就像一个个小点。

生："伫立"是什么意思？

生："伫立"应该就是长时间的直直站立，孟浩然都已经走了，李白却依然伫立在江边，这个词让我更进一步体会出了李白和孟浩然之间深厚的感情。

【学习笔记】"课文我们就学到这儿，也许老师考虑不周到，同学们可能有许多问题不明白，提出来我们共同探讨。"这一席话，"仁师"的教学姿态一览无余，可谓昭然若揭。贾老师的教学注重严谨、严格，同样也注重开放、民主，处处为孩子们的进步着想。

师：这是一篇"文包诗"，"文包诗"就是作者根据诗的意思，展开丰富的想象创编出来的，由诗得文，文中包诗。我们一起来看看这首诗。

（屏幕出示《寻隐者不遇》。）

师：熟悉吗？谁来读？

（指名读后齐读。）

师：这首诗是诗人贾岛寻访一位隐者未遇，就把专访中的对话过程记录了下来。

师：知道这首诗的意思吗？

生：有一天，贾岛听说有一位很有名的学者隐居在山中，便满怀希望地前去拜访。几经周折，他终于到了学者的家。那儿的松林苍翠、挺拔。一个小孩正在屋前玩耍。贾岛连忙上前问道："您好！我是贾岛。我特意从很远的地方赶来拜访一位学者，请问他是住在这儿吗？""是啊，"小孩起身说，"我就是他的弟子啊。""噢，原来你就是他的弟子啊，太好了！你的师傅呢？""我师傅采药去了。""那他在哪儿采药呢？""就在这座山里面呢。""那他在哪儿呢？""我也不知道啊，这座山云雾缭绕。"

师：多么凝练的语言，多么丰富的想象，多么有趣的故事，课下请你们仿照本课的写法，尝试着写一篇"文包诗"。

【学习笔记】拓展延伸，从《黄鹤楼送孟浩然之广陵》延伸到《寻隐者不遇》，在引导学生初步理解诗歌意思的基础上，由读"文包诗"，引导学生"课下请你们仿照本课的写法，尝试着写一篇'文包诗'"。细心的人会发现，贾老师给学生布置作业，或组织练习，喜欢事先做好铺垫，诱导动机，并提出具体的要求，让学生有"法"可依，有"章"可循。

研读感悟

1. 以文章的体式特征入手，来确定教学内容。贾老师抓住这篇作品的体式特征"文包诗"，来统摄全篇，贯穿整个教学过程。教的过程与"文包诗"的顺序正好相反，先教诗，再学文，然后再回到诗，这样一个来回走下来，学生掌握了"诗""文"中的生字词，学会从语言表达特色处、关键处来品味诗文的情感，获得了诗文的人文熏陶，还能当堂背诵重点段落，另外贾老师还留出时间来与学生互动，解答各种疑难点，最后由读延伸到仿照课文，尝试仿写一篇"文包诗"。整个教学思路、流程，宛如一泓清泉，汩汩而出，蜿蜒向前，时而舒缓，时而紧张，教学视野开阔，教态从容。这种教学思路，可以作为"文包诗"教学的典范。

2. 以文体知识来指导教学设计，有助于克服教学碎片化、散乱、随意的毛病，也有助于站在课程的视野、育人的高度来整体把握教学，从而克服从文本到文本的平面式处理方式。备课需要钻研教材，但如果只是贴着教材钻研教材，既不容易有高度，做到进得去，出得来，也不容易吃透教材，将教材内与外衔接、贯通。从课程的视野、育人的高度，有助于真正实现用教材实施创造性教学的佳境，从而真正走向教学的成功。

附　课文原文

黄鹤楼送别 *

　　暮春三月，长江边烟雾迷蒙，繁花似锦，年轻的李白正在黄鹤楼上为大诗人孟浩然饯行。

　　黄鹤楼俯临长江，飞檐凌空。李白和孟浩然一会儿仰望蓝天白云，一会儿远眺江上景色，都有意不去触动藏在心底的依依惜别之情。

　　终于，李白举起了酒杯说："孟夫子，您的人品令人敬仰，您的诗篇誉满天下。自从我结识了您，就一直把您当作我的兄长和老师。今天您就要顺江东下，前往扬州，不知我们何日才能再见面，就请您满饮此杯吧！"孟浩然接过酒杯，一饮而尽，然后说道："王勃说得好，'海内存知己，天涯若比邻。'虽然我们暂时分别了，我们的友谊却像这长江的波涛永世不绝。"

　　岸边杨柳依依，江上沙鸥点点。友人登上了船。白帆随着江风渐渐远去，消失在蓝天的尽头。李白依然伫立在江边，凝视着远方，只见一江春水浩浩荡荡地流向天边……

　　李白按捺不住激动的心情，随即吟出了脍炙人口的名诗——《黄鹤楼

***

★　本文选自苏教版五年级上册。

五年级

送孟浩然之广陵》：

故人西辞黄鹤楼，
烟花三月下扬州。
孤帆远影碧空尽，
唯见长江天际流。

六年级

《卖鱼的人》课例品读 *

第一课时

师： 在3000多个常用汉字中，最容易写的是"人"（板书：人）可是要做好它却很不容易。

人有思想，人能思维。人类，创造了文明世界。人还有追求，有目标。你最崇敬的人是谁？

生： 诗人李白。

师： 唐代诗人李白写下许多不朽的诗篇。

生： 我最崇敬的是雷锋。

师： 雷锋是我们的榜样。

生： 我最崇敬的人是孔子。

师： 好，孔子是古代春秋时期的大教育家。

生： 我最崇拜的是唐太宗李世民。

师： 注意，不是"崇拜"是"崇敬"。

【学习笔记】贾老师对教学过程中的价值维度一直非常敏感，可他从不拿来说教、灌输，只是当学生的言行表现触及时，就点拨点拨，更多的还是以言传身教来呈现自己的价值坚守。从这个意义上来理解贾老师待学生的那份真诚、那份师生情谊，就会明白贾教师用心所在。这是贾老师课堂教学一贯的特点，也是贾老师平时待学生的一贯作风。另外贾老师是一位洋溢着现代精神的人，平等待人、独立人格是其底色。

生： 我最崇敬的是唐太宗李世民，他是杰出的军事家。

★ 本课例由贾志敏老师提供，记录人为钱娟老师。

师：咱们说活着的人物吧。

生：我最崇敬的是成龙。

师：成龙是电影演员，我也很喜欢观看他演的戏。

生：我最崇敬的是警察。

师：你不如说"任长霞"吧。

【学习笔记】这其实是点拨学生的思维，克服刻板印象，从实际出发。另外，由于贾老师几十年来坚持看书读报，所以他对社会热点、时政要闻非常熟悉，这个知识背景自然而然渗透到他的语文课堂教学中来，如这里的"任长霞"，《我的发现》一课的"屠呦呦"等，这样贾老师的语文课也就流淌着时代的"活水"。

生：我最崇敬的是杨利伟。我国第一个登上太空的英雄。

师：孔子也好，杨利伟、成龙也好，都是值得崇敬的人，为什么？他们在某一个方面取得了无人企及的成就。但是一些无名无姓、普通百姓身上也有值得我们学习的地方。今天我们要认识一个好人。（在"人"前板书："卖鱼的"）会读吗？

【学习笔记】贾老师采用谈话开头，问题引入，请同学谈自己最崇敬的人。学生所回答的李白、孔子、成龙等"答案"，自在贾老师预设范围之内，待时候差不多了，贾老师开始"收网"，用概括、提炼这些人物的共同特征总结，随即转向本文的主人公，在"人"前面板书"卖鱼的"，从而将学生思维引向一片新天地。

生：卖鱼的人（人字读 rén）。

师：错了。

生：卖鱼的人（后两个字读轻声）。

师：对了。一起读。

（生齐读。）

【学习笔记】"一些无名无姓、普通百姓身上也有值得我们学习的地方"，这是贾老师上这篇课文《卖鱼的人》想要传递出来的价值理念，由此贾老师领着学生进入课文"卖鱼的人"，先要求学生读好课文标题。

师：《卖鱼的人》是台湾作家谢武彰写的，总共9个小节，512个字。拿起书本，通读一遍。

（生自由读，师巡视观察，并将读得最快、坐姿最正确、预计读得最好的3位学生请出来。）

师：读书要讲究速度。书读得快，思维就敏捷。思维敏捷就聪明、做事效率高,这个小朋友第一个读完;读书要讲究姿势,这个小朋友坐得最好。读书还要读正确，读流利，读出感情。听了大家读书，发现大部分同学一字一句地读书，这不好。估计这位同学读得不错，等一会，我们请她示范。

【学习笔记】学生自由朗读课文，贾老师仔细观察每一位同学，发现了朗读过程中最有特点的3位同学，然后树立典型，供学生模仿学习。在树立"榜样人物"的同时，贾老师善于从语文学习的角度出发，将抽象的、隐性的语文知识借助自己的讲解以及榜样人物的行为表现，加以显性化、具体化。实践证明，这样做的效果很好。

师：有四个生字，能借助拼音读准它们的字音吗?

生：挨，挨家挨户。

生：惑，疑惑。

生：迟，毫不迟疑。

师：迟是翘舌音。一起读。

生：迟，毫不迟疑。

【学习笔记】贾老师对基础知识、基本训练可谓一丝不苟，因此贾老师的语文课无论从什么角度去看，都显得扎实、厚实，学生的基本功普遍比较好。

生：檐，屋檐。

师：请同学把四个生字一起读。

（读"买""卖"）

师："买"是什么意思？

生：把东西买回家。

生：从商人那儿用钱把东西买回家。

师：还是没讲清楚。用货币换取商品叫"买"；那么"卖"呢？

生：用商品换取货币叫"卖"。

师：两个字连着怎么读？（指名读。）

师：后面的"卖"字读轻声。（教读）买卖。

师：这两个字（鱼、渔）怎么读，什么意思？

生：第一个"鱼"是我们吃的鱼，第二个"渔"是渔夫。

师："鱼"指水中的一种生物，餐桌上我们吃的；"渔"什么意思？

生：捕鱼的人。

师：错了。（板画"鱼"），"渔"指打鱼、捕鱼、捉鱼。"渔夫"什么意思？

生：打鱼的人。

师："渔民"呢？

生：也是打鱼的人。

师："渔人"呢？

生：愚蠢的人。（误认为愚人。）

师： 你以为是"4月1日愚人节"的"愚人"吗？

生： 也是打鱼的人。

师： "渔翁"呢？

生： 钓鱼的人。

生： 打鱼技术很好的人。

生： 不对！是指"打鱼的老人"。

师： 对，指"打鱼的老人"。

【学习笔记】贾老师教"鱼、渔"，然后突出"渔"，延伸到"渔夫""渔民""渔翁"等。这是真正在教语文，指向学生语言文字运用能力的提高。

师： "挨"，什么意思？

生： 靠着。

师生示范： "挨"就是靠在一起，你挨着我，我挨着你。那"挨家挨户"呢？

【学习笔记】贾老师的语文课，喜欢示范、喜欢表演、喜欢朗读，喜欢让学生在生动活泼的氛围中来直观地学习语文，体会语文，运用语文，从而褪去语文神秘的外衣，还语文本来面目。

生： 一家靠着一家。

师： 家就是户，户就是家。一家靠着一家。

师： "惑"呢？

生： 不明白。

师： 对！古人说，"三十而立，四十不惑，五十知天命。"说的是，男子三十岁成家立业，四十岁该明白做人的道理，五十岁知道一生该怎么过。"疑惑"，什么意思？

生：还是不明白。

师："疑"就是惑，"惑"就是"疑"。给"迟疑"找个近义词。

生：犹豫。

师："毫不迟疑"呢？

生：一点都不犹豫。

师："屋檐"，什么意思？

生：屋顶下面的。

师：不准确。（边板画边说）城市化以后，很少看到"屋檐"了。农村里多的是。这是屋顶，屋顶上有瓦片。下面有个承重墙，屋顶与承重墙相交突出用来遮风挡雨的部分叫屋檐。

【学习笔记】耐心细致地指导学生准确理解词语，这是语文基本知识教学，也是贾老师一贯注重的教学内容。从学生的认知特点出发，贾老师采用边板画、边解说的方式来引导学生理解"屋檐"这个词语的准确含义。对于词语的理解，贾老师力求让学生首次接触到它，就能够获得清晰、深刻的印象。为此，贾老师在这方面舍得花时间、花工夫。

师：一齐读生字新词。

【学习笔记】通过齐读生字生词的方式，结束这个环节的教学。贾老师注重教学环节的起始、涨落、拓展、延伸等关键处的设计，教学指向鲜明，教学思路清晰，教学节奏感强。

师：课文会读吗？（指名9位同学分读课文，并指导、纠正。）

（生读第一段。）

师：好的。

（生读第二段。）

师：好的，读错两个地方。

（生读第三段。）

师：很好！

（生读第四段。）

师：短短的一句话，读错了 3 个地方，不应该。再读。

（生第 2 次读。）

师：这次有进步，但还是有读错的地方。请第三次读。

（生第 3 次读。）

师：很好，为他鼓掌。一句很短的句子，第一次读错三个地方，第二次读错一处，第三次一处也没错。

【学习笔记】这位同学第一次读错 3 个地方。贾老师给他机会，给他鼓励，教以方法，他终于在第 3 次全读对了，贾老师让大家为这一位同学的进步鼓掌。教育就是让学生在原有基础上成长、进步，教育不是要学生处处争第一。从这个意义上来看，贾老师不是因为公开课，就要秀一秀，让学生个个都有精彩表现，而是回到教学的本义、起点，学生不会的就耐心教会，努力将公开课上成"家常课"。

（生读第五段。）

师：可以。

生：（读第六段）那么久的日子里……

师：听到了吧？不一样就是不一样。一般的都读成"那么久的日子里"，她是这么读的，"那么久的日子里"。她是自己悟出来的，再示范一次！

（生接着读。）

师：太好了，你读得太好了。我没看错，就知道你读得好！

生：（读第七段）正当……

师：不对！你来示范读：正当

生："大家赶过去一看，正是……"

师：这里的"正是"读对了。

生：就是他送来的。

师：不对了。你读给他听：就是……（生读。）

师：这就靠"悟性"。你是老师教的，她不需要老师教。（笑声）

【学习笔记】凭借悟性是语文学习古老而有效的方式。每个人的语言禀赋不同，所处的语言环境各异，语文教师一方面要努力教给学生语文知识、语文技能，另一方面要善于启迪学生的语文悟性，引导学生在生活中学习语文，充分利用母语教学的天然优势。"习得"与"学得"是语文学习的双翼。

（生读第八段。）

师：你读得很好。

（生读第九段。）

师：读得不错。

师：（请读得"很好"的两位同学上台）他们俩口齿清楚，语句连贯，读得还有感情呢！奖励他俩，奖励什么？请他们俩合作再读一遍。（众笑）

【学习笔记】朗读课文这个教学片段快结束了，于是贾老师设计了一个活动，"请读得'很好'的两位同学上台"，以此展示他们的朗读技艺。一般来说，组织开展一个语文活动，在尾声阶段设计展示与交流环节，这是一个非常聪明的做法。

（生合作读完全文。）

师：两人读得各有千秋，有所长，也有所短，要相互学习。

【学习笔记】从读生字新词，到读分节课文，看起来都是"俗招"，一点也不新鲜，可是在贾老师的教学指导下，学生却学得兴味盎然，有滋有味。其中的秘密是什么呢？其中固然包括贾老师幽默的语言、教学的艺术、人格的魅力，更为关键的可能还是贾老师对学生生命的尊重，心与心的交流，是贾老师引导学生解放心灵，积极参与课堂，是贾老师的激励艺术。这些因素融入每一个教学细节，当我们打开这些细节，尝试着做微观分析，我们就能够感受到细节背后精神的力量，以及深厚的专业素养。

师：（板书：奇怪）什么是"奇怪"？

生：怪怪的，不明白。

师：课文中找一找，它在哪里？

生："奇怪的是，祖父也从来没有把鱼提去称一称。"

师："奇怪"就是不明白，课文中还有3个与它意思相近的词，能找到吗？

【学习笔记】学习新的词语，贾老师常常会想到，让学生通过找近义词这种方式来比较、辨析。这非常有利于学生理解这类新的词语，也有利于他们准确地应用所学的新词语。

生：疑惑、想不通、不太明白。（师同时板书）

师：（边说边画连接线）卖鱼的人有些怪异，让小作者感到奇怪，疑惑，不明白，想不通。让他疑惑的是哪一件事？

生：第六节，以前卖鱼的人每天把鱼送来，可是到现在还没送来，却要收钱。

师：后来明白了吗？

生：是大花猫把鱼吃掉了。

师：看第二段四句话，轻声地读。

（请 4 名学生读。）

（生读。）

师：读得有味，很自然。

（生读。）

师：声音甜美，流畅，但缺少激情。

（生读。）

师：缺少味儿。（指导读）

（生读。）

师：读得真好！

师：4 个同学读了。听老师读。（师背诵）按着老师的样，再读一遍。

（生自由读。）

师：请两位读。

（生读。）

师：有点紧张，但是进步显著。

（生读。）

师：是"大家"，你读成"打架"了。

师：很可惜没有一个同学读得"很好"。我们请这两位同学示范。

（生读。）

师：（摸着学生小脸）读得真好！第二个示范。

（生读。）

师：很好！

师：跟着老师一起轻轻地读。（生跟着老师读。）

师：一起背，能背的就不必看书。（师生共背，老师用手势提示。）

师：每天清晨三四点钟，他就挨家挨户地把鱼挂在屋檐下。（板画：挂钩）

师：请两位同学来背。

（生背。师用手势提示。）

（生再背，背得很熟。）

师："我们毫不迟疑地"把掌声送给他。（生鼓掌）

【学习笔记】在通读课文的基础上，贾老师抓住"奇怪""疑惑"，引导学生理解课文主要讲了什么事情。然后指导学生熟读、背诵第二自然段。书声琅琅，"语文味"浓郁。

第二课时

师：小作者不奇怪、不疑惑，想通了，也明白了，可我们却想不通、不太明白了。你会说一段话吗？说两层意思：（1）你不明白（用上四个词中的一个）；（2）你们买鱼方式和课文里买鱼方式有什么不一样？

生：让我感到奇怪的是，我们平常买鱼是到菜场里去买的，而课文里的卖鱼的人却挨家挨户地把鱼挂在屋檐下。

师：地点不同。

生：让我不太明白的是，我们去菜场买鱼时都怕小贩们短斤缺两而与小贩斤斤计较，有时还要讨价还价。而这个卖鱼的人，开口说多少钱，大家都会毫不迟疑地把钱给他。

师：付款方式不一样。

生：让我想不通的是，平时我们买鱼都是上午去买的，而他却是清晨三四点钟把鱼送到每家每户的。

师：时间不同。

师：是啊，卖鱼的人独特的卖鱼方式让我们奇怪、疑惑、想不通、不太明白。但是你只要找到两个字，说明卖鱼的人是一个讲什么的人（板书）一切都明白了。

（生上黑板写：诚信。）

　　师： 卖鱼的人是个讲诚信的人。

　　【学习笔记】先让学生做一个口头表达练习，主要是调动学生借助日常的生活经验，来感受卖鱼人的独特之处，然后设计一个填空练习题，让学生将这个独特之处概括、揭示出来。贴着学生的经验，借助语言文字的线索，训练了学生的比较思维能力、抽象思维能力，也训练了学生的语言组织技能、概括技能，整个教学过程都在诠释如何用语文的方法教语文。

　　师： （教读）"诚信"，"诚"是后鼻音，"信"是前鼻音。

　　【学习笔记】贾老师对语文基础知识非常敏感、非常重视，由此可见一斑。

　　师： （结合课文内容说话。）正因为卖鱼的人是一个讲诚信的人……
　　生： 正因为卖鱼的人是一个讲诚信的人，所以，当我问祖父为什么不把鱼提去称一称时，祖父笑笑说，我信任他。
　　师： 说得真好！
　　生： 正因为卖鱼的人是一个讲诚信的人，所以，只要他开口说多少钱，大家都会毫不迟疑地把钱给他。
　　师： 是啊！
　　生： 正因为卖鱼的人是一个讲诚信的人，所以，在很多年以后，我买鱼回来，发现少了斤两，他就不禁回想起小时候记着的那个不知名的卖鱼的人。
　　师： 人称要统一。前面用"我"，后面也要用"我"。

　　【学习笔记】这个教学片段展示了贾老师高明的语文活动设计。先从生活经验出发概括出卖鱼人的"诚信"品质，然后再要求学生从"诚信"

出发，结合课文内容口述具体的事例。这既深入理解了课文内容，又锻炼了学生的思维品质，还训练了学生的口语表达技能，巩固了前面的效果。

师：什么叫诚信？

生：诚信就是自己踏踏实实地做事，不干不好的事。

师：这么说吧，"踏踏实实谋事，老老实实做人"。请写在黑板上。

生：诚信就是为人诚实，讲信用。

师：写上。

生：诚信就是讲信用，不欺骗他人。

生：诚信就是说到就要做到，不能做说话的巨人，行动的矮子。

师：多好的语言呀！

生：诚信就是言必行，行必果。

师：好啊！（情不自禁鼓掌）

生：诚信就是答应别人的事就要努力做到。

师：不是"就要"，是"必须"。

师：用成语解释。

生：诚信就是一诺千金。

师：是个成语。

生：一言九鼎。

生：诚信就是一言既出，驷马难追。

师：是啊！用"不……"的句式说。

生：诚信就是不骗人。

生：诚信就是不坑蒙拐骗。

生：就是不干缺德事。

师：说的都是大白话。能否说得诗意一点？如：诚信是通向成功之路的名片。

生：诚信是一种高尚的品质。

师： 说得好！高尚的品质，做人的根本。

生： 诚信就是"言行一致，为人正直，说到做到"。

生： 诚信是尊严的基石；诚信是维系社会稳定的纽带。

师： 诚信是什么？大家理解对了，不过都是片言只语，讲得不具体、不生动。请写一段话，诠释你对诚信的理解。你可以摘抄黑板上语句。

（师巡视，提醒学生写字姿势。）

【学习笔记】贾老师教"诚信"这段真的非常精彩。（1）以学生为本，绝不架空说教。先引导学生结合日常买鱼的经验来理解"诚信"，然后结合课文事例来理解"诚信"，再引导学生从抽象层面借助日常语言、书面语言，正面的角度、反面的角度来理解"诚信"。学生是学习的主体，老师从来没有板起脸孔来说教。（2）采用语文的方式来教"诚信"。口语表达训练，填词语，板书句子，用成语解释，用"不……"的句式说，用诗意的句子说等等，都是从语文到语文，让学生在语文的园地里打滚，而不是旁逸斜出，拓展成"非语文"。（3）教学层次清晰、科学。先结合日常经验，再结合课文内容，然后才要求学生用自己的话直接解释"诚信"的意思，最后又要求学生从不同风格的语言来解释"诚信"。层次感非常强，思路很清晰，教学效果也很好。（4）最后进一步拓展，借助前面的这些材料，请同学写一段话，谈自己对诚信的理解。可见，贾老师不是局限于"教教材"，而是致力于"用教材教"；不是局限于教课文，而是致力于教学生的语文。面前的一个个孩子是贾老师自始至终的关注对象、教育对象。"生本课堂"在贾老师的课堂落地生根。

师： 请几位同学读自己写的话。

生： 诚信是世界上最美的词汇。诚是金，信是银，诚信就是稀世宝贝。（师：听到了吧，写得就是不一样。）诚信是用自己诚实行为来博取别人对自己的信任。（师："博取"用得准。）诚信就是说一不二，说到做到，一诺千金，一言九鼎。（师：都是4个字，句式整齐！）诚信就是兢兢业业做事，踏踏实实做人。（师："做事"改成"谋事"。）相信这样的人能拥有很多幸福、朋友，（师：建议改为"拥有很多朋友，拥有一生幸福"。）不会变成孤独寂寞的人。我们不能变为说话的巨人，行动的矮子。这样才能成为一名品德高尚的人。（师："变为"改成"做"。很好！我们为他鼓掌。）我们要做一个像卖鱼的人那样讲诚信的人。（师：很好！）

生：诚信，像一首诗。你若读得坚定，写得用心，那么，你就会获得金子般灿烂耀眼的尊重。诚信，像一幅画。你若画得五彩缤纷，那么，就会赢得绚丽、珍贵的信誉。诚信，不是你的小玩偶。你若一不小心丢失了它，你的人生就好比一片灰色的天空。

师：写得很美，令人陶醉。

生：一个人讲诚信，他就成为高尚的人，他会拥有很多财富；一个家庭讲诚信，那么，这个家庭就和和美美，生活幸福，"家和万事兴"；一个社会讲诚信了，社会就和谐，社会就进步；一个国家讲诚信，这个国家就强大，没有人敢欺负。

师：视野开阔，思路清晰。连老师也说不到这么好。

【学习笔记】在贾老师的启发、引导下，学生围绕"诚信"写出的小作文真不错。贾老师前面的铺垫效果由此可见。语文教学不能太急促，要根据学生差异及学习内容难易程度，踩准节拍，循序而进。

师：读文章最后一节。

（生读。）

师：这段话是不是多余的？去世了不就完了？再写那个卖鱼的人干嘛呀？

【学习笔记】贾老师从学生的角度发问，"明知故问"，引导学生理解最后一段的写作方法。

生：用不讲诚信的人来突出讲诚信的卖鱼的人。用的是衬托的手法。

师：卖鱼的人姓什么？

生：不知道。

师：多大年纪？

生：不知道。

师：高的矮的？

生：不知道。

师：胖的瘦的？

生：不知道。

师：黑的白的？

生：不知道。

师：男的女的？

生：不知道。（众笑）

生：男的。

生：女的不能打鱼。

师：别想当然，要读书。

【学习笔记】紧扣文本理解，这是贾老师一贯的要求。

生：课文中用的"他"都是单人旁的"他"。

师：对，课文中用了六个"他"。

生（再读）：卖鱼的人　诚信

师：说一句话，用上这两个词。

生：卖鱼的人是一个讲诚信的人。

师：倒过来，先说"诚信"，再讲"卖鱼的人"。

生：讲诚信，是卖鱼的人的崇高品质。

师：（擦去"卖鱼的"，留下"人""诚信"）用上它们说两句话。

生：人要讲诚信。

生：讲诚信了，人才变得高尚。

【学习笔记】贾老师随时留心让学生做语文小练习。

师：如果没有了诚信（擦去"诚信"），这个一撇一捺，也就没有必要存在了，死了（擦去"人"）。下课！

研读感悟

1.本课例从板书"人"字开始，到擦去"人"字收尾，行云流水，一气呵成。开头从伟大、平凡的人，到卖鱼的人；然后进入课文，从写事到写人，点出诚信；再从诚信回到事例，回到学生经验，回到卖鱼的人；最后跳出文本，从卖鱼的人到每一个人都要讲诚信，这是做人的底线。整个教学过程，浓郁的人文精神贯穿始终，学生的语文练习又扎扎实实，语文的工具性与人文性水乳交融，堪称典范。好的语文课，必然首先具有鲜明的人文内涵，这如无限延伸的横轴；然后还必然要具有坚实、丰厚的语文元素，这如不断深入的竖轴。最终呈现出纵横衔接的"⊥"型结构。有人文内涵的课，显得灵动；有语文元素的课，显得有质感，二者结合方为好课。

2.综合开发利用"课堂语文生活"资源，展示语文教学智慧。贾老师的语文课历来重视学生的朗读训练，如果某位同学读得很好，贾老师就会想办法把她的优点放大、突出，让全班其他同学内心羡慕她，具体方式多样，比如把她请上讲台、当着大家的面来高声朗读，或让她重新作示范性朗读，或干脆给她一份"精美的小礼物"。记得有一次贾老师上《爸爸的老师》，有一个学生读得棒极了，贾老师直接把课前准备好的一大盘新鲜的圣女果给了这位同学，让大家艳羡不已。在激励的同时，贾老师还会加以详细的解说，让大家模仿学习。这种做法是有道理的，因为语文学习实质上是一个内隐的过程，学生头脑里面的"黑箱"我们至今不得而知。贾老师通过观察与发现，将在某个语文活动中表现最佳的同学请出来，供学生观摩、模仿，辅之老师的解说、阐明，这对于充分开发利用"课堂语文生活"资源，是相当有益的。这样有助于让学生看清某个点的语文学习样态，也有利于让学生理解语文学习过程，从而促进他们的语文学习、提高。总之，将内隐的语文学习过程，借助教学设计使之显性化、可视化，从而促进学生的有效学习，这就是挑战语文教学智慧的领域，贾老师是先行者。

附1　板书设计

奇怪　　　　　　　　疑惑

　　　　　卖鱼的人

想不通　　　　　　　不太明白

卖鱼的人 *

小时候，我生活在一个大家庭里。由于人多，我们家每天都要买很多鱼。

那个卖鱼的人，是从海边的渔村来的。每天清晨三四点钟，他就挨家挨户地把鱼挂在屋檐下。到天亮时分，鱼也挂完了，再回过头来，一家一户地收钱。只要他开口说多少钱，大家都会毫不迟疑地把钱给他。

奇怪的是，祖父也从来没有把鱼提去称一称。日子久了，我觉得奇怪。有一天，我忍不住问祖父，祖父笑笑说："我信任他。"

当时，我并不太明白祖父说这话的意思。

每天清晨，卖鱼的人还是把鱼挂在全村每户人家的屋檐下。

那么久的日子里，只有一次让我们疑惑。一天早上，我们正在找鱼。心想：今天他为什么没有把鱼送来？而这时候，卖鱼的人却回来要向祖父收钱了。

正当大家想不通的时候，小堂弟从屋后跑来，红着脸说："屋子后面的柴堆下，大花猫正在吃鱼。"大家赶过去一看，正是。卖鱼的人说，这些鱼就是他送来的。

后来，卖鱼的人不再来了。祖父说，他去世了。

很多年之后，有一次，我买鱼回来。家人说斤两一定不够，一称，果然被偷了斤两。这时，我不禁回想起小时候见着的那个不知名的卖鱼的人。

六年级

★　本文选自人教版六年级上册，作者为台湾作家谢武彰。

《一夜的工作》课例品读 *

师： 上课，同学们好。

生： 老师好。

师： 1998 年的 3 月 5 日，是我们敬爱的周恩来总理 100 周年诞辰。那一年有一位叫宋小明的诗人，怀着对总理的无限崇敬与爱戴，写下了一首诗《你是这样的人》。

（师朗读宋小明的诗。大屏幕打出这首诗。）

你是这样的人

把所有的心装进你心里，

在你的胸前写下：你是这样的人。

把所有的爱握在你手中，

用你的眼睛诉说：你是这样的人。

不用多想，不用多问，

你就是这样的人！

不能不想，不能不问，

真心有多重？爱有多深？

把所有的伤痛藏在你身上，

用你的微笑回答：你是这样的人。

把所有的生命归还世界，

人们在心里呼唤：你是这样的人！

师： 相信这首诗一定让咱们有所感触，自己再读一读这首诗。一边读一边体会，这首诗的哪些地方，让你有所感动？放开声音读一读。

（学生自由读《你是这样的人》。）

师： 说一说，这首诗什么地方触动了你？

★ 本课例由贾志敏老师提供。

【学习笔记】贾老师选择这首诗《你是这样的人》来导入，是因为这首诗触动了他；给学生推介这首诗，让他们一边朗读、一边体会，然后让他们说说这首诗哪些地方触动了自己。尊重学生的主体地位，以学生为本的理念自然浮现了出来。有些老师可能会直接灌输，将老师自己的感受一股脑都灌输给学生。具体的教学过程也显得很扎实，贾老师对语文活动的结构化设计也很到位：（1）老师先有感情地朗读全诗，表达自己的感情；（2）做明确、细致的要求，"一边读一边体会，这首诗的哪些地方，让你有所感动？""放开声音读一读"；（3）再请学生说一说自己的感触。正因为铺垫得好，老师的工作到位，后面学生的发言才精彩纷呈。另外贾老师的教学语言很有特色，态度亲切，要求具体明晰，先后铺垫，如"一定让咱们有所感触"，"咱们"这个词听起来很亲切、和蔼。

生：我觉得是第二段："不用多想，不用多问，你就是这样的人。不能不想，不能不问，真心有多重？爱有多深？"我觉得周恩来总理是个很有爱心的人，他对每个人都充满爱心。以前在看《延安颂》的时候，我看到了周总理和他的妻子为福利会的孤儿捐献了许多钱。

师：是的，她从这两句诗，想到了总理的爱心，想到了总理的心与孤儿院的孩子连在了一起，说说你的触动。

生：触动我的是："把所有的伤痛藏在你身上，用你的微笑回答：你是这样的人。把所有的生命归还世界，人们在心里呼呼：你是这样的人！"我在预习课文的时候，想起也是在电视中看到过的，总理在刮胡子时动了一下，给他刮胡子的叔叔不小心在他的脸上划了一下，那一定是很痛的，而且是在脸上。我想周总理平时也是很劳累的，也会形成一些伤痛，但是不管是身上的伤痛还是心里的伤痛，他都会藏在心里，总是把微笑带给别人。所以，这句话对我有很大触动。

师：你的体会太深了。这份伤痛不仅仅是表面的伤痛，而且是内心的

六年级

伤痛。而无论是内心的伤痛还是表面的伤痛，我们的总理都把它深深地藏
在了自己的心中，只把那微笑的一面留给了世界，这是怎样的一位总理啊！
你还有感触要说？

生：周总理是一位好总理，是我敬佩的总理，是我心目中最美最美的
总理。

师：我相信你说的是真话，我相信你说的话也是其他同学最想说的话。
同学们，为什么宋小明会有这样的诗句，为什么我们会有这样的感动呢？
今天就让我们一起走进总理的一夜，请看课文。

【学习笔记】（1）围绕《你是这样的人》这首诗，师生真诚交流各
自的内心感触，我与你的对话，心与心的交流，诗意浓浓，让人感动。（2）
这个导入环节很有特色，同是写周总理的两篇文章，以诗歌导入，老师以
自己的感触唤醒学生的感触，在学生对周总理有感情蓄势的基础上，顺势
切入课文的学习。课文是叙事性的文章。以感受诗歌《你是这样的人》的
内在情感，导引、带动叙事文《一夜的工作》的学习，两篇文章共同的纽
带就是对周总理的讴歌。导入的手法上，有点声东击西的意味。

师：自己大声朗读课文《一夜的工作》，读的时候，注意把生字读准，
把句子读通。一边读一边用心思考，读过之后，请你用一个词语来概括，
在你心目中总理的这一夜，是怎样的一夜？听明白了吗？

【学习笔记】在布置每一项语文活动之前，贾老师都会把教学目标转
化为明确、清晰的要求告诉学生，然后在语文活动过程中做到边教边评，
因此整个教学环节显得稳扎稳打，步步推进。教学目标指向及教学效果评
价的自觉，这是优秀语文教师的关键属性。另外，这里让学生用一个词语
来概括"在你心目中总理的这一夜，是怎样的一夜"，锻炼学生的抽象思
维能力，要求算高的。对此后面贾老师也提到了，"我非常佩服你，咱们

这篇课文 983 个字，你独独注意了这两个字，可见你目光是多么的敏锐"，这里"目光敏锐"其实就是思维敏捷。

（学生轻声读课文。）

师：好，同学们，读了、看了总理的一夜，假如请你用一个词来概括一下对总理这一夜工作的最大感受，你用哪个词语？请高举你的小手，让老师看到你那自信的神情。

生：我认为他是一个非常负责的总理。

师：（板书"负责"）这是负责的一夜，他读出了"负责"。

生：这还是"劳苦"的一夜。（师板书：劳苦）

师：老师知道，这个词书上有，但是我非常佩服你，咱们这篇课文 983 个字，你独独注意了这两个字，可见你目光是多么的敏锐，老师想问你一下，你为什么不用"辛苦"这个词？（老师在"劳苦"后面板书"辛苦"。）

生：因为我觉得"劳苦"比"辛苦"应该更深一层。

师：你体会到的"更深一层"在哪儿呀？

生：因为"劳苦"的意思是又劳累又辛苦。

师：说得多好！又劳累又辛苦，这只是总理的一个晚上的情况。

【学习笔记】学生提到"劳苦"，老师提出"辛苦"，然后引导学生比较、辨析，这是贾老师非常重视的教学点。结合文本语境，辨析近义词，非常有助于训练学生的语言敏感性。

生：我还觉得这是一个"简朴"的夜晚。

师：是的，（板书：简朴）这的的确确是一个简朴的夜晚。

生：他还是一个爱民的总理。因为作者说他把椅子弄歪了，而总理自己把椅子搬正了，也没说他。

师：（板书：爱民）你体会到了他对下属的关心和爱护，用"爱民"这个词来概括，是吗？

生：是的。

师：是啊，爱民的背后是一颗博大的爱心啊！

生：我觉得他是繁忙的，（师板书：繁忙）因为文中说，写字台下面有一尺来高的一叠文件，一尺来已经够多的了，而且还说"你送来的文件我放在最后"，说明在这之前，肯定还有很多东西送过来，因此，我觉得这也是一个很繁忙的夜晚。

师：说得真好。你注意到了这个晚上的一个小小的细节，而且这一细节是很容易被人忽视的，那就是"一尺来高"的文件。是吧？你从"一尺来高"这个词读出了这一夜的繁忙。有没有同学能用四个字的词来概括你这一夜的感受？

生：我觉得这是"为国为民"的一夜。（师板书"为国为民"）

师：是的，总理在思考的任何一件事情不正是为了祖国，为了人民吗？

生：他还是不辞辛苦的。（师板书：不辞辛苦）

师：正像刚才这位同学所讲的一样，这的的确确是劳苦的一夜，是辛苦的一夜，然而加上"不辞"，这才是总理的光辉形象，他永远是那样不辞辛苦。谁还能用四个字的词来概括？请你。

生：我觉得这是一个认真工作的夜晚，因为文中说，他不是浏览一遍就算了，而是一边看一边思索，有时提笔想一想，这说明他很认真地在批阅文件。

师：是吗？这是一个"认真工作"的夜晚，老师建议你为"认真工作"再换一个词儿，你一定能说出来。

生：认真负责。

师：你看看，词语就在你的口中，就在你的心中啊。（板书：认真负责）"认真负责"说得多好！谁还有四个字的词语？

生：他还是个艰苦朴素的总理。

师：这还是个艰苦朴素的一夜，是吗？（板书：艰苦朴素）是的，这是艰苦朴素的一夜。

生：他还是个任劳任怨的总理。

师：任劳任怨，多好啊，我相信这个词总有同学能从口中说出来，（板书：任劳任怨）说得太好了，这是任劳任怨的一夜啊！如此的繁忙，如此的艰辛，如此的简朴，但是他没有半句怨言，没有一丁点儿牢骚，这才是我们的周总理啊！非常好。贾老师相信，对于总理的这一夜，每个同学都会有自己独特而真实的感受。这是非常宝贵的。但是，对于总理的这一夜，光有这点感受是不够的，是吧？让我们从那么多的感受中选择其中的某一点（指点板书的那些词语），那是你感受和感触特别深的地方，抓住它，带着它，再走近总理的一夜看看，你是从什么地方、哪些文字、哪些句子当中再次深切地体会和理解了这一点，把它用波浪线画下来。可以轻轻地读，也可默读。

六年级

【学习笔记】"词语就在你的口中，就在你的心中""任劳任怨，多好啊，我相信这个词总有同学能从口中说出来"，可见生命是词语的载体，学习生词、辨析词语、品读文章，就是锤炼心性，提升生命质量。从这个意义上说，读书，涵养生命内涵；对话，交流生命感悟；创设情境，让学生的生命有所感兴；言传身教，濡染学生生命的品质，这些都有助于提升语文学习质量。本课从诗歌导入，到对课文要点的概括，贾老师都非常注重这种柔性的感染、熏陶，这方面学生的受益会更加持久。

（学生默读课文，边读边画。）

师：好的，所有的同学都已将自己的理解转化了一条条深深的波浪线，非常美丽的波浪线。老师想问一下，哪些同学对总理这一夜的简朴感触特别深？而且已经找到了一些细节？告诉大家。

【学习笔记】先散开，再收拢，聚焦到一点，"简朴"，让学生重新温习课文，找到一些关键细节来印证。从思维方式来看，这是从抽象到具体，正好与前面的概括训练相反。真是相反相成，教学思路非常灵活，教学设计周全。

生："那是一间高大的宫殿式的房子，室内陈设极其简单，一张不大的写字台，两把小转椅，一盏台灯，如此而已。"从这里我看到，原来这房子挺大的，但他却很简朴，只拿了"一张不大的写字台，两把小转椅，一盏台灯"这一点东西。

师：找得非常准，一个字不多，一个字也不少。让我们一起读一读这位同学了不起的发现。

（学生齐读一遍。）

师：再读一遍。这样的文字，读一遍两遍显然是不够的，再读一遍，细细地读，不要放过一个字，一边读一边感受，你会发现，这一段话中突然有一个词从你的眼中跳出来，哪个词跳入了你的眼帘？把它抓住，不要放过了，知道吗？

（学生再齐读。）

生：告诉大家哪个词突然跳入了你的眼帘？

师：极其简单。（师板书：极其简单）

师：告诉大家，为什么这个词会突然跳入你的眼帘？

生：我觉得因为总理很简朴。

师：你的回答也很"简朴"，再说说为什么这个词会突然跳入、映入你的眼帘？

生：因为总理一般都是比较高等的大人物，像国外的总理都是很有钱的，但周总理只是在房间里放一些和平民百姓一样的东西。

师：好的，让我们一起来读一读"极其简单"后面的话，一起来感受一下这"简单"之前为什么还要加上一个"极其"呢？来，读吧。

（生再读一遍。）

师：假如把"极其"这个词换掉，你会换哪个词？怎样简单？

生：我会换"非常"。

师："非常"，不够啊！

生：我换"特别"。

师："特别"，还不够啊！

生："十分"。

师：更不够啦！

生：我换"如此"。

师："如此"？非常、特别、十分……这些显然不够，唯有"极其"才够味道。我们再读一读这句。（教师轻声地引读）"一张不大的写字台……"你们读。

（生读。师接："……如此而已。"）

生：这是一张不大的写字台，里面有"不大"两个字，"不大"说明这张写字台很小，而且只有一张。

生：我注意到这里只有一盏台灯，一般来讲，像总理的办公室应该有像会场里一样的很漂亮很大的灯。

师：那叫什么灯啊？（用手势启发）

生：水晶吊灯。

师：水晶吊灯，通体照亮整个屋子，是吧？

生：是的，那样才能显出总理的气派。前面还说，一个高大的宫殿式的房子……

师：你注意到了"高大的""宫殿式的"这两个词，是吧？你说下去。

生：一般宫殿式的房子，里面装修都是很漂亮的，很气派的，但是，他却只有一盏台灯，而不是水晶灯。

师：非常好，这位同学由一盏台灯联想到了宫殿式的房子。请大家放下语文书。你们由宫殿式的房子想开去，猜测一下，这间屋子原来的主人可能会是谁？

生：我猜可能会是毛泽东主席。

师：毛主席有另外的屋子。（众笑）注意"宫殿式的"。

生：我猜可能是一个很有钱的外国人。

师：一个很有钱的外国的大富豪？他还没有资格住这样的房子呢。

生：我想有可能是以前的皇上。

师：比皇上还大呢！你猜猜他是谁？

生：我想可能是蒋介石。

师：跟蒋介石没有任何关系。我说，这个地方住的人比皇上还大……

生：我想可能是太上皇吧。

师：太上皇，是啊，想得合情合理。我告诉你们同学们，原来这房子的主人是清朝最后一个皇帝赙仪的摄政王，什么是摄政王？就是管着皇帝的那位亲王。大吧？厉害吧？

再由此想开去，你估计这座屋子里面原来可能会有些什么？看过电视、听过故事，你由此想开去，可能会有什么呢？

生：我想这屋子里原来肯定会有很多很多仆人，而且陈设很好，一些餐桌也很好……

师：那是什么做的，你知道吗？

生：是用黄金做的。

师：那是白银做的，所有的餐具都是白银做的。有这些餐具你觉得过分吗？

生：不过分。

生：我想可能会有很多名人字画。

师：说得真好，肯定会有的。

生：有很多奇珍异宝。

生：古代的瓷器。

师：古董文物、奇珍异宝……肯定会有的。

生：还可能会有一张用金子做的床。

师：金床？金子是很有限的，不一定是用金子做的，也许是用红木做的。

生：肯定有很多装饰用的钻石。

师：许多钻石、玛瑙、翡翠……同学们，由此想开去，这座高大的宫殿式的房子里面肯定会琳琅满目、金碧辉煌……但是，拿起书，当这座曾经是如此金碧辉煌、如此价值连城的屋子，现在成了我们敬爱的总理办公的地方，我们只看见——读——

生："一张不大的写字台，两把小转椅，一盏台灯，如此而已。"

师：有名人字画吗？

生：没有。

师：我们看见了——读——

生："一张不大的写字台，两把小转椅，一盏台灯，如此而已。"

师：有银器、银具等这些古玩珍宝吗？

生：没有。

师：有水晶的吊灯吗？

生：没有。

师：有迷人的字画吗？

生：没有。

师：有大幅的地毯吗？

生：没有。

师：有金子做的大床吗？

生：没有。

师：什么都没有，只有——

生：一张不大的写字台。

师：只有——

生：两把小转椅。

师：只有——

生：一盏台灯。

师：如此而已。你说，这简单前面怎么不加上"极其"这个词啊！也难怪"极其"这个词会首先映入你的眼帘。来，让我们再来读读这段话，再来感受一下总理这"极其简单"。

生（读）："一张不大的写字台，两把小转椅，一盏台灯，如此而已。"

师：现在屋子的主人是谁？

生：是周总理。

师：是总理，是堂堂的中华人民共和国的总理啊，他的权力大不大？

生：大。

师：大得很啊。那么你想，作为一国的总理，手中握有如此大的权力，肩上挑着如此沉重的担子，你想，他的屋子里应该有些什么？

生：我觉得至少应该有一个高大的文件夹。

师：大一点的文件夹，是吗？还不是高大的文件柜，只是大一点的文件夹，这过分吗？

生：不过分。

生：我觉得还应该有台留声机和几张古典的碟片。

师：干什么？

生：因为这可以让人心情舒畅。

师：你是想让总理在劳苦工作之后能够恢复一下、休息一下？

生：对。

师：你看，女孩子就是心细。（众笑）不过分，一点都不过分！

生：我想，总理的房间里应该有三张大一点的沙发。

师：干什么？

生：总理累了，可以在上面坐一会，歇一会儿。

师：女孩子的心就是细腻。三张沙发，过分吗？

生：一点都不过分。

生：应该有一个非常舒适的床，让总理在夜晚工作了以后，非常劳累的话，就在办公室睡一觉，也好继续工作。

师：隔壁倒是有一张床，舒适不舒适就不知道了，我没有睡过。

生：我觉得总理的地板应铺有很软的地毯，踩上去很舒服的。

师：是啊，这都不过分啊。应该有沙发，有吗？

生：没有。

师：应该有地毯，有吗？

生：没有。

师：应该有文件柜，有吗？

生：没有。

师：什么都没有。请你告诉人们，我们只看见了——读——

生："一张不大的写字台，两把小转椅，一盏台灯，如此而已。"

师：简单吗？

生：简单。

师：怎样的简单？

生：极其简单。

师：但是，我们分明感受到了一种"极其不简单"的东西在我们的心中涌动，什么东西让你感受到极其不简单？

生：总理的艰苦朴素。

师：总理的艰苦朴素的作风让你感受到了极其不简单。

生：总理的工作真是繁忙。

师：他的工作真是让你感受到了极其不简单。

生：他不辞辛苦。

师：这让你感受到了极其不简单。

生：他认真负责的精神。

师：他认真负责的精神让你感受到了极其不简单。好，同学们，此时此刻，我们再读这一句话，你的感受、你的感情肯定和刚才初读那一句话的时候不一样了，完全不一样了。

师：看得出来，你们的眼睛、你们的眼神告诉了老师，你们感动了。有一份深深的感动在你的心中涌动，是吗？来，再一次把你们的感动用朗读告诉在座的每一位老师。

【学习笔记】上面这个教学片段相当精彩！由"简朴"，学生找出了一句话"那是一间高大的官殿式的房子，室内陈设极其简单，一张不大的写字台，两把小转椅，一盏台灯，如此而已"，贾老师再引导学生紧紧扣住"极其简单"这个词，一边研读课文，一边展开想象，从而不断走近周总理，感受"简朴"。由"极其简单"的室内陈设，同学们感受到了总理的"极其不简单"，学生的心灵受到了震撼。此时此刻，贾老师让同学们再读课文，"我们再读这一句话，你的感受、你的感情肯定和刚才初读那一句话的时候不一样了，完全不一样了"，贾老师最后以让学生朗读的这种评价方式来结束这个环节的教学，"有一份深深的感动在你的心中涌动，是吗？来，再一次把你们的感动用朗读告诉在座的每一位老师。"

生：（齐读）"一张不大的写字台，两把小转椅，一盏台灯，如此而已。"

师：同学们，老师完全有理由相信，让你感动的地方比比皆是，比如……

【学习笔记】一个环节教到位了，贾老师又拓展开去，开启了新的教学环节，"老师完全有理由相信，让你感动的地方比比皆是，比如……"，于是让学生开始在课文中寻找其他让自己感动的细节。

生：比如，"花生米几乎可以数得清颗数，好像并没有因为多了一个人而增加了分量。"

师：你感动吗？

生：我感动。

师：为什么？

生：因为它说"花生米几乎可以数得清颗数"，这等于是很少的。

师：是啊，你能想象出，一国的总理应该吃些什么？

生：应该吃鲍鱼之类的！

师：是啊，以你的生活体验，他应该吃这些山珍海味、美味佳肴是吧？没想到他吃的竟然是花生米，而且数得清个数。你为此而感动。再比如——

生：再比如，"看完一句就用笔在那一句后面画一个小圆圈，他不是浏览一遍就算了，而是一边看一边思索，有时停笔想一想，有时问我一两句。"说明总理非常认真，而且是看了一遍还看一遍。

师：是啊，来，让我们一起再来感受一下这一份感动。拿起书，读一读刚才这位同学发现的这一处。

生（读）："他一句一句地审阅……问我一两句。"

师：再读一读，你是从哪儿读懂"审阅"这个词的？

（生再读这句。）

师：你是从哪儿读懂"审阅"一词的？从哪儿读懂他绝不是普通的浏览，而是在"审阅"？

生："看完一句就用笔在那一句后面画一个小圆圈……一边看一边思索，有时停笔想一想，有时问我一两句。"这就是周总理怎样审阅文章的。

师：能把你的目光再缩小一下，缩小到一个词，缩小到几个词来谈谈你对"审阅"的感受吗？突然你缩到了哪个词？

生：一边看一边思索。

师：你想说的是哪个词？

生：思索。

师：你把"思索"这个词再放大了，你想到了什么？

生：我想到了周总理是想到了人民的困难，怎样来解决这些困难。

师：是啊。她聚焦到了"思索"，然后就想到了总理可能会想到很多很多的问题，只有这样看文件才叫"审阅"。再找。

【学习笔记】上面的教学片段是在教"审阅"，贾老师力求让学生理解"审阅"的关键内涵特征，教法灵活，教得深刻。先让学生把"浏览"与"审阅"区别开来，然后结合课文语境来集中精力理解"审阅"，让学生通过抓关键词，找到"思索"，让学生明白周总理一边看文件，一边想到很多的问题，只有这样看文件才叫"审阅"。因此贾老师的词汇教学，不是落在字面意义上，而是要努力融入学生的经验系统中去，化为学生的思维元素。

生："总理见了我，指着写字台上一尺来高的文件说……放在最后。"他的稿子一尺来高，说明很多，而且他还说，把你们送来的稿子放在最后……

师：这和"审阅"有什么联系吗？

生：他是很仔细地"审阅"这一尺来高的文件的，会花去很多时间的。

师：对呀，这一尺来高的文件他"审阅"了多长时间？

生：整整一夜。

师：如果用四个字的一个词来概括，那就是"通宵达旦"啊。这一尺来高的文件，他通宵达旦地看，得花多少时间啊，这叫"审阅"。谁还有不同的体会？

生："有时停笔想一想，有时问我一两句"，这句话写出周总理不是很简单地看一遍就算了，有时还问"我"一两句。

师：对，说得挺好，要大声地说，自信地说。这才叫"审阅"。假如请你在"审阅"前再加一个词，你认为总理这是怎样地"审阅"这叠文件？

生：他是在负责地审阅。

生：我觉得他是在用心地审阅。

师：多好啊，这个"心"用得太好了。

生：仔细地审阅。

生：专心地审阅。

师：再加一个词，专心——

生：专心致志地审阅。

师：对，这样语气就更强。

生：认真地审阅。

师：再加一个词——

生：对了，认真负责地审阅，语气更强。

生：细心地审阅。

师：换一个词儿——，还可以是"一丝——"

生：一丝不苟地审阅。

师：是啊，让我们再来感受一下周总理这专心致志，这一丝不苟，这认真负责的审阅。大家一起来读这一段话。

（生齐读。）

师：同学们，难道总理他这样认真负责审阅的仅仅是最后一个文件吗？不是，让我们随着老师的描述，进入这个简单而又极其不简单的晚上吧。

（师引读）夜幕降临，华灯初上，我们敬爱的周总理坐在那张不大的写字台前，拿出了他今天晚上要审阅的第一份文件，只见他——（示意学生接读）

生："只见他一句一句地审阅，看完一句就用笔在那一句后面画一个小圆圈，他不是浏览一遍就算了，而是一边看一边思索，有时停笔想一想，有时问我一两句。"

师：东方发白，天将破晓，敬爱的周总理揉了揉疲倦的双眼，拿出了今天晚上他要审阅的最后一个文件，只见他一句一句地……（学生情不自禁地跟着读了起来）

生："只见他一句一句地审阅，看完一句就用笔在那一句后面画一个小圆圈，他不是浏览一遍就算了，而是一边看一边思索，有时停笔想一想，有时问我一两句。"

师：这是一个多么漫长的夜晚啊，这是一个多么艰苦的夜晚啊，这又是一个多么不平常的夜晚啊，因为，在那个夜晚，我们的总理思考着许多许多问题……（音乐自然响起，《在宁静的月光里》，同时出现字幕：夜很静，周总理一句一句地审阅着文件，那不是普通的浏览，而是一边看，一边思索。他想着……）

夜很静，周总理一句一句地在审阅着文件，那不是普通的浏览，而是一边看，一边思索，在想些什么呢？用你的笔写下来，写在练习纸后面吧，用你的心去写，用你的想象去写，告诉自己，那是一个大国的总理，那是新中国刚刚成立以后的受命于危难之际的总理！上自国家大事，下自黎民百姓，他有多少多少的事要思考，有多少多少的问题需要他解决，想吧，写吧，写下来吧，写下总理的思考，也写下你对总理的那份感受和体验。

（学生在音乐声中写作，教师边行间巡视，边请几位写得有代表性的同学。）

【学习笔记】由师生一起朗读课文，然后极其自然地引导学生进入"在音乐声中写作"环节，这其间的过渡真可谓了无痕迹，自然天成。贾老师的教学追求的最高境界，就是无痕的教育。我认为，这个教学片段呈现出了这个特点。贾老师把语文教到学生心坎上去了，融入学生的心灵深处。

师：同学们，停下你手中的笔，让我们一起走进总理的这一个夜晚，一起走进他的内心世界，让我们一起用心地去倾听总理在想些什么。

夜很静，周总理一句一句地审阅着文件，那不是普通的浏览，而是一边看，一边思索。他想着……

生：这个村里的粮食不够了，明天得给他们送去。

师：是啊，这是一些芝麻琐碎的小事，但是，民以食为天，如果老百姓过的不是温饱的生活，国家怎么能够安定啊！总理会想这些问题的。

生：为了新中国的强盛，我再辛苦也是值得的。

师：对啊，总理一生最大的心愿就是让中国强盛起来。

生：我要为人民奉献，要做个好总理，我一定要一句一句认真负责地审阅这些文件。

师：说得多好啊，他一生的承诺，就是要做一个人民的好总理。是啊，他想着——

生：今晚我一定要把这些文件看完，明天还有更多的事情等着我去做呢。

师：是啊，明天一定还有更多的文件等着我。

生：加油啊，我不能睡。辛苦一点又如何，我一定要把这些文件批完。

师：是啊，只有他加油了，祖国和人民才不加油啊。他在想——

生：今天晚上我一定要把这些文件看完，明日复明日，明日何其多，我不能睡……

师：是啊，明天还会有更多更多的事情等着我去处理呀！他想着——

生：我一定要一句一句地审阅，辛苦一点也不要紧，这样才能对得起国家和人民。

师：辛苦一日又如何，为了人民，为了党和祖国再苦再累也心甘情愿。他想着——

生：怎样才能让贫困地区富裕起来，又怎样才能让人民都过上幸福的生活……

师：总理就是这样，大事小事他都要做得十全十美，任何一件事情都是举重若轻啊。

他想着——

生：我只有努力工作，才能让所有的人民都过上幸福的日子。

师：是啊，他心里装着所有的人民，而唯独没有装着他自己啊。（音乐停）

六年级

（师读。）所以，在回来的路上，我对自己说，我看见了总理一夜的工作，他是这样的劳苦，这样的简朴，我这样想着，我又想高声地对全世界说：看吧——（示意学生接读）

生："看哪，这就是我们中华人民共和国的总理，我看到了他一夜的工作，他每个夜晚都是这样工作的，你们看见过这样的总理吗？"

师：同学们，请问，你在读这段话的时候，是带着怎样的一种心情？

生：我是带着自豪的心情读的！

师：来吧，带着自豪的心情告诉全世界！

生："看哪，这就是我们中华人民共和国的总理，我看到了他一夜的工作，他每个夜晚都是这样工作的，你们看见过这样的总理吗？"

师：你感到了自豪。（对另一生）请问，你是带着一种怎样的心情？

生：我是带着"佩服"的心情……

师：佩服是不够的，带着佩服的心情来读，好吗？来，读吧。

生："看哪，这就是我们中华人民共和国的总理，我看到了他一夜的工作，他每个夜晚都是这样工作的，你们看见过这样的总理吗？"

师：是啊，（对另一生）你是带着什么样的心情来读的？

生：我是带着感动的心情来读的。

师：来吧，读出来，让我们一起来受感动吧！

（生读这一段，读得非常投入，全场响起热烈的掌声。全班齐读这一段。）

师：同学们，你们看到的仅仅是总理的一个晚上，但是，你们为什么如此坚决地告诉全世界，他每个夜晚都是这样工作的？你们凭什么？你们凭什么会如此坚决？你们凭什么会如此感动？你们凭什么会如此大喊告诉全世界？你们凭什么？凭什么？

生：凭总理是个不辞辛劳，认真负责的总理。

师：凭你对总理一生的了解，是吗？

生：因为周总理为了国家、为了人民而不辞劳苦地工作。

生：凭我相信，周总理他一生都是为国为民的。

生：凭周总理这一夜的做法。一个人是不可能在一夜之间转变一生的做法。

师：说得多好啊！这一夜足以证明他的一生都是这样做的。

生：为了全中国，为了全中国人民，他值得，他想：他值得！

师：凭着他对中国人民的热爱和信念，是吗？说得多好啊！

（师深深地）是啊，正像你们所讲的那样，他的一生都是这样做的，让我们一起走进总理生病的那最后的一段日子吧……（出示课件：总理最后一段日子的工作时间表。师快读课件内容）

1972年，周总理被确诊患了癌症。

1975年，周总理的病情开始恶化。但他仍然拖着只剩30公斤的重病之躯，继续顽强地工作着。

6月7日，周总理会见菲律宾总统马科斯。

8月26日，周总理在医院会见柬埔寨首相西哈努克亲王。

9月7日，周总理不顾病情的严重恶化和医护人员的一再劝阻，坚持会见罗马尼亚党政代表团。

9月20日，周总理做第四次大手术。在进入手术室的前一刻，躺在推车上的周总理吃力地握着小平同志的手，鼓励他把工作做好。

10月24日，周总理做了第五次大手术。这次手术过后，他一再叮嘱邓颖超，死后不要保留骨灰。

12月20日，生命已经处于垂危状态的周总理，向应约前来的罗长青询问台湾的近况。

谈话不到15分钟，周总理就昏迷了过去。

1月7日11时，周总理从昏迷中苏醒，用微弱的声音对身边的医生说："我这里没有什么事了，你们还是去照顾别的生病的同志，那里更需要你们……"这是周总理生前留下的最后一句话。

1976年1月8日上午9时57分，周总理的心脏永远停止了跳动。

六年级

师：……总理永远地离开了我们。（问一学生）你哭了，为什么你哭了？

生：因为周总理为了人民，他生病了也还是为了人民，所以哭了。

师：你感动了。（对另一生）为什么你眼中饱含泪花？

生：因为周总理为了国家，在生命的最后一刻还是关心着其他的人。

生：总理生前留下的最后一句话就是："我这里没有什么事了，你们还是去照顾别的生病的同志，那里更需要你们……"总理也是病人呀，他为什么又要让护士去照顾别的人呢？

师：是啊，你想问问总理，为什么到了生命的最后一刻，你还不想想你自己啊！

生：我想说，总理把一生都贡献给了人民，为什么到最后还是想着别人！

师：是啊。

生：我还想问问总理，为什么还要告诉邓颖超死后不要保留骨灰？

师：对呀！他连骨灰都没有留下来，撒向了碧蓝的大海！

生：我想对总理说，总理啊，您已经尽职了，为什么却对自己的身体不负责呢？

师：我知道，这不负责是带引号的。所以，同学们，了解了总理事迹的每一个人都被他的人格深深地感动。诗人宋小明，我们还有一位了不起的作曲家三宝，在1998年3月5日总理诞辰100周年的时候，作曲家三宝也怀着和我们一样的感动，为《你是这样的人》这首诗谱了一首极其感人的旋律。来，我们全体起立，让我们怀着对伟大总理的无限崇敬和爱戴，走进我们的周总理。

（学生起立，大屏幕播放周总理的一生的事迹片断，画面配有戴玉强原唱的歌曲《你是这样的人》，师生共同观赏，全场肃穆，师生泪下。）

师：同学们，让我们永远记住我们的好总理。下课。

【学习笔记】上述材料的引入，拓展、深化了学生对课文主旨的理解，更深入地感受了周总理的伟大。随即又由"在音乐声中写作"，过渡到让学生在感动中诉说对周总理的认识，最后播放歌曲《你是这样的人》，首尾呼应，将情感推向高潮。

研读感悟

学习贾老师《一夜的工作》这篇课文的教学，让我强烈感受到课堂教学的预设与生成辩证统一。从教学导入环节，贾老师深情朗读宋小明的诗《你是这样的人》，到教学结束前配画播放戴玉强原唱的歌曲《你是这样的人》，整个教学中的关键环节都是贾老师预设的结果，可是打开每个教学环节的微观细节，学生的语文学习生成过程又清晰可见，这两个方面做到如此完美的统一，对我而言简直是一个谜。

细细思量，原因或许有以下几个方面：

（1）教学目标与教学情境的融通。贾老师对课堂教学目标的把握非常清晰、自觉，每个环节要做到什么，要做到什么程度，心里如明镜一般，了然于胸。可是这个对教学目标的认识不是直接告诉学生，而是在具体的教学情境中转化为以学生为主体的具体、明晰的学习要求，从而随着课堂任务情境的推进，贾老师预设的教学目标也就得以分解、细化，逐一落实。因此贾老师对教学目标的预设是作为一条隐性线索贯通在教学过程之中的，随着教学情境的变化转化为语文活动或语文任务设计及其显性要求，指向教学生成。

（2）语文任务的空框或半空框设计。在教学过程推进中，贾老师注意采取开放的视野、自由的姿态来为学生设计语文任务或语文活动。贾老师设计的语文活动往往是给一点、留一点，呈现空框或半空框结构，让学生来完成。这类语文活动的完成，就具有很强的个性化、生成性。因为这个时候贾老师一般不预设标准答案，鼓励学生个性化的解答，尊重学生的差异存在。

（3）对学情的准确把握及灵活的微调技术。语文任务或语文活动的设计，让学生乐于参与，积极投入，这与贾老师对学情熟悉密不可分。一个语文活动展开后，学生可能会有什么反应，贾老师八九不离十都了然。如果碰到有些特殊的学生或特别的事情，贾老师也会采取微调，灵活应对。因为贾老师的全部语文教学理念都体现在教为学服务：淡出教师，突出学生；医生感谢病人，教师感谢学生。有此觉悟，在调整预设的时候，老师容易把握主动。

（4）精力聚焦课堂，把握学习过程。贾老师对课文熟透了，对教学内容的熟稔，让贾老师有条件把主要精力集中在课堂学生反应上，聚焦在学生的学习过程上面来，由此让教的活动更有针对性与实效性，从而把握主动。"知己知彼，百战不殆"，把这句话运用到课堂教学过程中来也是适用的。正是因为对语文、对课堂、对学生熟悉了，所以教学的预设与生成渐渐走向融合。

附　课文原文

一夜的工作 *

周总理在"全国文学艺术工作者第一次全国大会"上作了报告。《人民文学》杂志要发表这个报告，由我把记录稿作了整理，送给总理审阅。

这一天，总理办公室通知我到中南海政务院去。我走进总理的办公室。那是一间高大的宫殿式的房子，室内陈设极其简单，一张不大的写字台，

★　本文选自人教版六年级下册，作者何其芳。

两把小转椅，一盏台灯，如此而已。总理见了我，指着写字台上一尺来高的一叠文件，说："我今晚上要批这些文件。你们送来的稿子，我放在最后。你到隔壁值班室去睡一觉，到时候叫你。"

我就到值班室去睡了。不知到了什么时候，值班室的同志把我叫醒。他对我说："总理叫你去。"

我立刻起来，揉揉蒙眬的睡眼，走进总理的办公室。总理招呼我坐在他的写字台对面，要我陪他审阅我整理的记录稿，其实是咨询的意思。他一句一句地审阅，看完一句就用铅笔在那一句后面画上一个小圆圈。他不是浏览一遍就算了，而是一边看一边在思索，有时停笔想一想，有时问我一两句。夜很静，经过相当长时间总理才审阅完，把稿子交给我。

这时候，值班室的同志送来两杯热腾腾的绿茶，一小碟花生米，放在写字台上。总理让我跟他一起喝茶，吃花生米。花生米并不多，可以数得清颗粒，好像并没有因为多了一个人而增加了分量。喝了一会儿茶，就听见公鸡喔喔喔地叫鸣了。总理站起来对我说："我要去休息了。上午睡一觉，下午还要参加活动。你也回去睡觉吧。"

我也站起来，没留意把小转椅的上面部分带歪了。总理过来把转椅扶正，然后就走进后面去了。

在回来的路上，我不断地想，不断地对自己说："这就是我们新中国的总理。我看见了他一夜的工作。他是多么劳苦，多么简朴！"

我想高声对全世界说，好像全世界都能听见我的声音："看哪，这就是我们中华人民共和国的总理。我看见了他一夜的工作。他每个夜晚都是这样工作的。你们看见过这样的总理吗？"

六年级

《我看见了大海》课例品读 *

师：小时候，父亲对我说得最多的一句话是，做人要老老实实；我当了老师，对学生说得最多的一句话是，写字要认认真真。其实，这两句话说的是一个意思：做任何事，都要认真负责。

字如其人。看老师在黑板上写一个字，看我是怎样把它写好的？（师书写"海"）提示：海的第二笔要写在外边，如果这三点连在一起，这个字就不好看、不丰满了。

【学习笔记】贾老师不喜欢说教、唠叨，这里提到的"做人要老老实实""写字要认认真真"，是贾老师的肺腑之言。像这类的人生经验传递，贾老师是非常重视的。

生：（齐读）海。

生：拿出笔，把这个字写一遍，要写漂亮，写饱满。

师：我们青岛是一个海滨小城。请你说说"海"是怎么样的？

生：海是蓝的。

生：海是一望无际的。

生：海水是咸的。

生：海水很深。

生：海里有很多生物。

师：海，一望无际。今天我们要学的课文就是关于大海的。（补充板书："我看见了大海"）

【学习笔记】"我们青岛是一个海滨小城"，从这句话可知当时上课

★ 本课例由贾志敏老师提供，记录人为公真老师。

地点在山东青岛。联系当地海滨小城的特点，请学生说说"海"是怎么样的，然后自然切入到这篇课文的学习，板书"我看见了大海"，这是贾老师的导入思路。

师：谁把课题读一读？

生：我看见了大海。

师：我把这个"了"改成了"过"，（师板书补充：过）"我看见了大海"和"我看见过大海"，这两句话的意思是一样的吗？

生："我看见过大海"是说明看见海没有什么新鲜的；"我看见了大海"是我终于看到了海。

师：你说得好啊，"我看见过大海"只是看看而已；"我看见了大海"是"我"终于看见了大海，是不容易的，期待了很久。请大家一起读。

【学习笔记】贾老师板书补充"过"，然后引导学生辨析"我看见了大海"和"我看见过大海"两句话的语义差异，突出"我看见了大海"表达了"不容易的，期待了很久"的意思。这既有利于训练学生的语言敏感性，也有利于促进对课文的理解，为下面的教学做铺垫。这是属于"用语文的方法教语文"。

生：（齐读）我看见了大海。

师：一部好的文学作品，叙述的故事往往情节曲折、生动，刻画的人物栩栩如生。读了以后留下的印象是不可磨灭的。因此有人说，一部好的小说可以影响人的一生，甚至一代人。这样的例子很多，《钢铁是怎样炼成的》《青春之歌》出版以后，影响了整整一代人。

今天我们学的课文是一篇小说。（板书：小说）小说在我们小学课本里是不多见的。作者叫"阿真"（板书：阿真），听老师念一遍课文。

六年级

（师声情并茂地朗读全文，生专注地边听边看。）

【学习笔记】这里体现出贾老师试图从两个角度把握课文的教学内容，即文体意识与课程意识。首先指出这是一篇小说，也简要介绍了小说的特点，然后从课程的角度提出"小说在我们小学课本里是不多见的"，由此突出这篇课文在小学阶段的学习价值。

师：黑板上六个注音的生字，请你读正确。（生读。）

师：还有三个词组谁读？

生：破涕为笑　相依为命　欣喜若狂

师："破涕为笑"什么意思？

生："破涕为笑"的意思就是本来在哭，后来叫人安慰以后笑了。

师：一定是"要人安慰"吗？

生：不是，自己自然地笑了。

师：听了这位小朋友的回答，我更感觉到做老师的重要了。她分明知道"破涕为笑"这个词的意思，但是用自己的语言来表达显得很困难。其实很简单，换两个字就行了。

【学习笔记】从日常工作情境来生发出语文教师的重要性，这反映了语文教学的自然诉求，即帮助学生克服语言表达的困难，帮助他们提高汉语言文字的理解与运用水平，这正是语文老师的职责与使命。对我们中国学生的培养来看，语文教师的重要性再怎么强调也不过分。

生：由哭到笑。

师：对啊。"相依为命"呢？

生：相互依靠着生活。

师：对啊！（教师指着每一个字）互相依靠着，苦苦地生活，就是"相依为命"。

师：“欣喜若狂"什么意思？

生：就是发疯似的高兴。

师：倒过来讲呢？

生：高兴得就像发狂一样。

【学习笔记】"倒过来讲呢"，这个小小的细节折射出贾老师对小学语文教学特点的理解，即通过顺着说、倒着说，缩写、扩写，拟小标题、概括文意，围绕一句话来举例子说明等方式来训练学生的语言文字语用技能及相应的思维技能。

（师领读，学生跟读。）

师：豁然什么意思？

生：突然。

师：很多小朋友都这么理解，连许多成人都这么认为。有个词叫"豁然开朗"就是一下子明朗起来了。这种理解是错的，"豁然"什么意思？

生：终于。

师：不对。"豁然"不能理解成突然，一下子。它本身就是亮堂的意思。（教师板书：敞亮）

师：字会念了，词的意思理解了，下面请小朋友把第一小节和最后一节，轻声读一读。

（生轻声自由读第一小节和最后一节。）

师：哪个同学能把第一小节读给大家听？大声点，请你。

（生读第一句。）

师：你读得太好了，一般的同学都是一字一顿地读，而你是连起来读的，而且在读的时候，声音断了而意思不断。再读一遍。

（生声情并茂地读第一段。）

师：谁读最后一段？

（生读。）

师：我们小朋友读得真好。发现了吗？这两小节都在"叙述"，（板书：叙述）这是作者的话。但文章里还有一种是"描述"，把当时的情景写出了。"叙述"是把事情经过写下来，"描述"是把当时的情景写出来。这篇小说，描写比较多的是人物的语言。（板书：人物语言）言为心声。说的话就代表她想的，所以文章里的许多话，除了叙述就是描写。比较多的是人物语言的描写。

师：请你找出写人物语言的句子，并读一读。

【学习笔记】现在明白了为什么叫学生首先读第一小节和最后一小节，原来是为了后面介绍叙述与描述知识做铺垫。先让学生拥有感性体验，然后再呈现知识，对小学生来说这样显然是合适的。同时从小说的文体特点出发，介绍了人物语言描写的知识，随后让学生去课文里面找实际例子。这样的教学思路及采取的教学方法，体现了贾老师常说的语文教学要遵循学生的认知规律。贾老师追求创造性的教学设计，但是前提就是遵循"两个规律"，即语文学科的教学规律与儿童的认知规律。这是贾老师教学的科学性依靠，也体现了现代语文教学的特质。

生：继父对我说："来，河子，伯伯带你去串门儿。""不！不！"我吓得直往后缩。

师：你读得很熟，但没有读好，要读出情感来。谁来？

【学习笔记】读出情感来，就是要把学生自己对文本的理解表现出来。

生：继父对我说："来，河子，伯伯带你去串门儿。"

"不！不！"我吓得直往后缩。

"去外面看看吧，河子，外面有好多好玩的东西。"

我动心了，于是说道："我长得太难看，还有，我走路一瘸一瘸的，妈说人家会笑话我的。"我不禁哭了起来。

"放心吧，河子，谁笑话你，我就这样。"继父扬起巴掌，做了个揍人的动作。

师：很好，这些都是写人物的语言的。还有吗？

生：（柔弱地读）"河子，抬起头，别害怕！"继父大声说。

师：这是谁说的话？继父多大年纪？因此读的时候，作者的话，要读得平直，不带感情色彩，继父说的话要与作者说的有明显的差别，不能一个调。你再来读读，只要读出变化就行。

【学习笔记】让学生边练习，边介绍朗读知识，纠正学生不当的朗读方式。这样基于实践情境来教语文知识才是正确的，也体现出语文知识对学生语文学习的实践价值。当然，这种语文知识融入了贾老师自己的很多经验体会，是个性化的语文知识形态。

生：我听得着了迷："我能看见大海吗？"

"能，等你长大些，长到 15 岁，我带你去看大海。"

师：（板书："我能看见大海吗？"）这句话谁能读好它？

生：我能看见大海吗？（重音在"我"上）

生：我能看见大海吗？（重音在"看见"上）

生：我能看见大海吗？（重音在"大海"上）

生：我能看见大海吗？（重音在"能"上）

师：对了。重音放在"能"上，像"我"这样一个瘸子；"我"能看到大海？简直不可能，因此她迷茫地问自己的继父："我能看见大海吗？"继父说："能"，所以重音应在这里。

（生连读三遍。）

【学习笔记】贾老师非常注重朗读练习设计，这里组织学生先后做了
4次朗读训练，同一个句子，重音分别落在"我""看见""大海""能"
上面，最后确认根据课文的表意情境，重音应该落在"能"上面。这样的
教学内容显然极具语文质感。这类语文训练，着力在教语文，而不是教课
文，不赶进度，不搞"蜻蜓点水"，特别注重巩固、强化，特别有利于培
养学生的语感。

师：写人物语言的句子还有吗？

生：海水是蓝的，和天空一样蓝；海水是咸的；海很大很深；海里有
鱼，大鱼小鱼；海上有船，大船小船……

师：真像一个老海员在说话。还有吗？

生："喂，过来认识一下，小家伙们，这是河子，你们的小朋友河子。"
继父亲切地招呼他们。

师：你读对话的语言和提示语是有明显不同的，但是还不够粗野。请
刚才的"老海员"再示范一次。（生笑）

（生读。）

【学习笔记】"真像一个老海员在说话""请刚才的'老海员'再示
范一次"，这样的教学语言具有非常好的诱导性，就是要让学生像老海员
那样来说话、来朗读，这个方向非常正确。另外，"你读对话的语言和提
示语是有明显不同的，但是还不够粗野"，这样的评价语言也很专业，又
通俗易懂。还有贾老师的教学语言非常幽默，所以课堂上学生觉得特别有
趣，常常笑声一片，一点也不觉得语文很枯燥、乏味。

上述教学片段，鲜明地体现了"用教材教"的理念，教材就是一个例
子，用这个例子来教会学生说话、读文、写作，这是贾老师一贯坚持的理
念与做法。

师：写人物的语言有四种形式。第一种把提示语放在前面；第二种是把提示语放在中间；第三种是把提示语放在后面；第四种是提示语省略。（板书四种不同的提示方式）

有的同学说，"说"字后面是冒号、引号，真是这样吗？我请一个同学在这三个"说"后面加三个标点。

（生上台加标点。）

师：完全正确！

师：为什么要有那么多的形式呢？如果只用一种形式的话，显得呆板。在写人物语言的时候，加上动作、神态、表情、语气的描写，那就更生动了。

师：好，小朋友，找一找第一种形式的对话读给大家听听。

生：继父让我叫他伯伯，并对我说："来，河子，伯伯带你去串门儿。"

师：对了，请坐。第三种形式的句子找出来。

生："河子，抬起头，别害怕！"继父大声说。

师：第四种形式的句子找出来。

生："河子，你真能干。"

生："能，等你长大些，长到 15 岁，我带你去看大海。"

师：好的，省略了提示语的句子有什么要求吗？

生：前面已经说了谁和谁在对话。

师：省略提示的要求就是你说的话，别人一看就知道，这是谁说的话。如果不清楚，就不能省。

【学习笔记】上述教学片段体现了贾老师用语文知识为指导，来组织学生做语文练习的特点。贾老师先介绍了写人物语言的四种形式，然后介绍了相应的表达效果，再结合课文里面的语言表达来练习，让学生体验、印证。这样的教学避免了主观、随意的弊病，具有科学的内涵，是现代理性教学的特点。有效地利用语文知识来组织教学，将语文知识融入学生的语文实践体验中去，这是现代语文教学的特色。

师：请同学们再来读课题。

生：我看见了大海。

师：这篇文章塑造了哪几个主要人物？

生：河子和她的继父。

师：你根据哪句话说，"我"是河子，河子就是"我"？

生："来，河子，伯伯带你去串门。"

"不，不，我吓得直往后缩。"

师：这两句话能说明什么呢？

生：从伯伯要带河子出去串门，紧接着"我"吓得直往后缩，就说明"我"就是河子。因此河子和"我"是一个人。

师：这里有这么一句话，（指着板书）河子是一个（　　　　）的女孩子。

生：河子是一个畸形的女孩子。

生：河子是一个胆子比较小的女孩子。

生：河子是一个非常自卑的女孩子。

生：河子是一个非常可怜的女孩子。

师："河子是一个畸形的女孩子"，能这样说吗？书上怎么说的？

生：身材畸形。

师："身材畸形"跟"畸形"是一回事吗？

生：身材畸形是根据身材说的，而畸形没有说身体的哪个部位。

师：她的身材畸形是，一条腿长，一条腿短，走起路来一瘸一瘸的，非常难看。她有着什么样的童年？

生：她有着悲惨的童年。

生：她有着封闭的童年。

生：她有着孤独的童年。

师：这些词语都可以。哪位同学来说这一句话，你需要填两个空格。

（指着板书）

生：河子是一个（身材畸形）的女孩子，她有着一个（悲惨）的童年。

师：下面我们看书，身材畸形是从那里看出来的？

生：从文章的第一句话知道了"我"是一个身材畸形的女孩子。

生："学校不收畸形儿，继父就自己当老师，我每天要学5个生词，背熟一篇课文。"

师：对，"学校不收畸形儿"，能看出来她根本没有上学。她有着悲惨的童年生活，悲惨在哪？

生：她八岁就没有了父亲。

生：她在八岁前没有迈出家门一步。

生：（读课文）"就在这天夜里，继父安安静静地去世了，我失去了这个世界上唯一的亲人。"

【学习笔记】上述对话及训练当中包含了很多思维训练，以课文为例子，让学生从抽象到具体，从具体到抽象，供学生反复练习。通过完成这些语文练习，学生不期然就理解了课文，还训练了语文思维、语文技能，学到的这些语文思维、语文技能，又可以用来去理解其他同类的文章，起到触类旁通的效果。

师：后来一个亲人都没有了，她自己父亲死了，母亲改嫁给继父海员，后来母亲死了，之后她跟继父相依为命。后来继父也死了，真是祸不单行。还有吗？

生："母亲嫌我给她丢脸，也怕我出门遭人讥笑，于是，在我8岁前的童年里，我没有迈出家门一步。我拥有的只是院子里一方天空，一群瞬间即逝的飞鸟。"

师："八岁前她拥有院子里的一方天空"，什么叫"一方天空"？是不是用词不准啊？

六年级

219

生：因为它像井底之蛙一样，四周都是房子，所以她看到的只是一方的天空。

师：对，就像井底之蛙，看到的天空就是像井口那么大。她看到的天空就只是屋檐下面的天空，一方天空。（老师指着黑板，齐读）河子是一个（　　）的女孩子，她有着（　　）的童年生活。

师：后来在继父的帮助和鼓励下，"帮助"和"鼓励"哪个在前更合适？

生：先"鼓励"再"帮助"。

【学习笔记】"身材畸形"与"畸形"，她有着（悲惨、封闭、孤独）的童年，"帮助"与"鼓励"等这些语文小练习，都非常有助于培养学生的语言敏感性。

师："我"为了成为一个能独立生活的人，以前怎样？现在呢？

生：以前"我"不敢出门，怕别人笑话，现在"我"一个人在镇上穿街走巷，为继父请医、买药，办各种各样的事情，独自承担了全部家务。

师：河子的转变多大啊！看黑板，（师出示）河子从（　　　　）走向（　　）请同学填上不同的词语。

生：河子从自卑走向自信／自尊／自立。

【学习笔记】从上述教学片段来看，贾老师的提问设计体现了前面提到的小说文体特征，为此从"这篇文章塑造了哪几个主要人物"起手，然后突出"河子"的人物形象，先后设计了"河子是一个（　　　　）的女孩子""河子是一个（　　　　）的女孩子，她有着（　　　　）的童年生活""河子从（　　）走向（　　）"等几个关键性的问题。围绕这些问题，不仅引导学生理解课文内容，还教学生如何学会阅读小说，还择机设计语文小练习，既训练语言技能，又训练思维方法，还培养语感，确实教得高明，充满智慧。

师：好的小说往往能影响人的一生甚至是几代人，如果写读书笔记，就应把题目加上书名号，比如：读《我看见了大海》有感。写读后感先写读的是哪本书，主要内容是什么，针对自己感受最深的一点谈体会。

【学习笔记】一般的老师会直接切换到让学生来写读后感，学生常常本能反抗。贾老师在前面搭一个台阶，先做好铺垫，然后顺势教学生读后感该怎么写，让学生"把自己感受最深的一点写下来"，学生不觉得突兀，自然愿意接受。这是贾老师教学语言的艺术。下面贾老师采取了拟小标题的策略，显然比让学生概括中心思想高明很多。

师：学了这篇课文后，把自己感受最深的一点写下来。自己拟一个题目。（生写题目。）

生：《坚强的河子》。

生：《勇敢的小姑娘》。

生：《自强不息的孩子》。

生：《父亲对海的承诺》。

师：你起的题目真有诗人的意味。（生笑）

师："我"看见了大海吗？撒谎是不道德的，继父为什么要撒谎呢？

生：继父是为了让孩子对生活充满希望，让河子充满自信，勇往直前，自强不息。

师：这篇小说会让同学们记住一辈子。这就是文艺作品给大家带来的力量。推荐一本杂志《读者》，讲三个小故事。

六年级

研读感悟

1. 从贾老师教《我看见了大海》一课，我强烈感受到"善教"太重要了。同样一篇课文，有些老师教得索然寡味，学生也觉得语文课听不听无所谓；然而有些老师却可以教得新意迭出，生趣盎然，学生不仅积累了生字词，学会朗读方法，掌握阅读策略，提高了语言敏感性，训练了听说读写技能，培养良好的语文学习习惯，还养成了好的学习态度，获得了优质的人文熏陶，这样的语文课上与不上差异甚大。真正善教的老师如贾老师，整个教学过程就是再次创作的过程，如果课文是作家首次创作的话。他在课堂上能够将课文作为一个语用的例子，凭借这个例子，既教语文知识，又组织、设计语文活动，适时给予语文方法、策略指导，随时提供积极反馈、评价，做到既让学生获得好的语文学习结果，又让他们得到丰富多彩的语文学习体验，真正做到既教书又育人，春风化雨，润物无声。

2. 语文老师上好课，主要凭借的是语文教学的实践性知识。这类实践性知识具有综合特征。（1）教师的个人才艺要"杂"。贾老师常说：一个称职的语文教师应该是半个作家、半个评论家、半个演员、半个书法家、半个播音员、半个心理学家……总之，是个杂家。只有这样语文老师才可以做到及时评判、随时示范、精准指导、恰当鼓励，有效促进学生的语文综合能力发展。（2）要具备丰富的、情境化的语文知识，能够灵活应用这些活的语文知识，来依据课文设计多变的语文小练习。（3）要具有很强的人际沟通能力，建构良好的师生关系。（4）要熟悉学情，熟悉语文学习过程，能及时给予个性化的指导，善于激励学生。（5）对社会语文生活非常熟悉，对新词、流行语、网络词语等敏感，知道一个合格的公民需要什么样的语文能力。（6）具有广博的文化视野，良好的文学文化修养，丰富的社会经验及人生体验等等。总之，语文教学所需的综合性实践性知识，是语文教师在教学实践过程中逐渐积累、领悟、训练、反思、总结、提炼等内化形成的个性化知识。这类实践性知识是以解决问题为主的实用型知识形态，并非系统化、逻辑化的知识系统。

附　课文原文

<h1 style="text-align:center">我看见了大海[★]</h1>

　　我是一个身体畸形的女孩子。母亲嫌我给她丢脸，也怕我出门遭人讥笑，在我八岁前，从没让我迈出家门一步。我拥有的只是院子里的一方天空，一群瞬间即逝的飞鸟。

　　八岁那年，我的父亲去世了。不久，母亲改嫁，嫁给小镇上一个退休的海员。当时，母亲才四十出头，而继父已近六十。

　　继父让我叫他"伯伯"，并对我说："来，河子，伯伯带你去串门。"

　　"不！不！"我吓得直往后缩。

　　"去外面看看吧，河子。外面有许多好玩的东西。"

　　我动心了，可又有顾虑，就对他说："我走路一瘸一瘸的，妈说人家会笑话我的。而且，她还说我太难看……"我禁不住哭了起来。

　　"放心吧，河子。谁笑话你，我就——"继父扬起巴掌，做了一个揍人的动作，逗得我破涕为笑了。

　　第二天，继父带我上街了。有生以来，我第一次看见这么多人，真是怕极了。我羞怯地低着头，两手死死拽住继父的衣角，紧紧跟着他，就像他的尾巴似的。

　　"河子，抬起头，别害怕！"继父大声说。他响亮的嗓门立刻引来了许多目光。那些和我年龄差不多的孩子，叽叽喳喳地议论着什么。

★　本文选自北师大版六年级下册，作者阿真。

继父亲切地招呼他们："喂，过来认识一下，小家伙们。这是河子，你们的小朋友河子。"

于是，他们走过来，友好地问这问那，还邀请我和他们玩。

冬天到了，继父的哮喘病犯得很厉害，靠在床上的时候，就让我坐在火炉前，听他讲大海的故事："海水是蓝的，和天空一样蓝；海水是咸的；海很大很深；海里有鱼，大鱼小鱼；海上有船，大船小船……"

我听得入了迷，问道："我能看见大海吗？"

"能！等你再长大些，十五岁了，我就带你去看大海。"

我一年年地长大了，长高了，懂得了许多事情。继父规定，每天我要做一件对我来说难度较大的家务活。那时学校不收畸形儿，继父就自己当老师，要我每天学五个生字，并背诵一篇课文。其余时间，继父便讲那永远也讲不完的海的故事。

母亲得了不治的重病，走了，丢下我和继父相依为命。

继父的健康状况也越来越糟，但他仍然拖着病病歪歪的身子，带我去这儿去那儿，鼓励我独自进商店买东西，做家务活。每当我做了原先不会做的事情后，继父就欣喜若狂，连连夸赞："你真能干，河子！"仿佛我做了惊天动地的大事。

我们把看海的日子定在了第二年的夏天，到那时我就十五岁了。继父说现在做的一切都是为看海做准备，在看海之前，我必须学会应付一切。我也更加努力了，盼望着满十五岁的那一天。

漫长的冬季真难熬！继父一直病在床上。我一个人在镇子里穿街走巷，为他请医生，买药，并且承担了全部家务。我觉得自己是真正长大了。

一个春日融融的上午，继父把我叫到床边，慢慢地说："河子，我就要死了，有件事我必须告诉你：医生早就告诉我，我是过敏性哮喘，必须远离海洋。其实我不可能带你去看海的。请你原谅我。"

当时，我觉得非常失望，非常委屈：我做了那么多年的准备，到头来这却是一个骗局！我伤心地哭了。

没过几天，继父安安静静地去世了。我失去了世界上唯一的亲人。现在，我这个身体畸形的女孩子要一个人生活了。

我独自穿行在闹市中。我熟练地做着家务。我受邻居委托替她照看孩子，每月从她那里得到生活费。

后来有一天，我突然想起继父说的"看海"，明白了"看海"的意义。我无数次站在继父的遗像前，悄声对他说："伯伯，我看见了大海，真的，我看见了……"

六年级

附录　贾志敏为青年教师做的备课设计指导 *

《语言大师》

【教学目标】

1. 正确流利地朗读课文，理解课文内容；

2. 找出文中奶奶的"老话"，理解其深刻含义；

3. 体会奶奶对晚辈一片关爱之情；

4. 搜集、积累有关的民间俗语、谚语，在同学之中作交流。

【教学过程】

一、课题导入，引入新课

1. 出示"大师"，学生用自己的话理解"大师"的含义。

2. 师概括：在某一学科或领域，因为有突出的成绩或作品，受到人们的尊敬和推崇，被公认为权威人士，这样的人，才有资格被称之为"大师"。

3. 古今中外，你还知道哪些人物被世人尊称为"＿＿＿＿＿＿大师"？

4. 师补充完整课题：32. 语言大师

今天，我们要了解的"语言大师"，却只是一位60开外，连斗大的字也不识几个的农村老妇人，她是谁？为什么被称为"语言大师"呢？让我们带着问题来学习课文吧！

二、初读课文，理解内容

1. 学生带问题轻声自读课文。

2. 文中的"语言大师"指"奶奶"，说说"我"心目中的奶奶是个怎样的人？

3. 奶奶爱讲"老话"，什么是"老话"？

4. 文中具体讲了哪些"老话"教育我，激励我，伴随我长大？用"＿＿"划出，

★　附录中的6篇备课设计指导，都是由贾志敏老师撰写并提供的。贾老师任金苹果学校小学部校长时，为了帮助青年老师的专业发展，贾老师让青年老师把他们觉得难教的课文列出来，然后贾老师从备课、设计到教学示范提供全程指导，一一做给他们看，并与他们研讨、交流，于是就有了这里附录的6篇教学设计文稿。

并再次自读有关小节。

三、学习课文，加深理解

1. 你印象最深的"老话"是哪一句？是围绕哪一件事展开的？

2. 小组讨论，合作回答。

3. 根据学生回答，出示有关"老话"，品读，并具体分析 2 至 4 小节。

4. 结合课文内容，进行对话朗读训练，读出不同人物的语气，体会奶奶对晚辈的一片关爱之情。

5. 师："奶奶的老话多得像天上的星星，句句都能让人受到教育。"让我们读读第 5 小节，用"⌒⌒⌒"划出略写的其他"老话"。

6. 联系自身，语言拓展，你觉得这些"老话"同样适用在哪些方面？

7. 由此可见，奶奶不仅受到家人的尊敬，还受到哪些人的尊敬？

四、知识拓展，能力迁移

1. 师小结：在民间，还流传着许许多多这样的"老话"，它们好似一朵朵带着泥土芳香的小野花，在祖国大地上默默扎根。它们语言朴素平实，自然亲切，然而却包含着深刻的人生哲理，因此代代相传，生生不息，有着旺盛的生命力。我们称之为民间俗语或谚语。

2. 还知道哪些俗语、谚语？学生把收集到的俗语、谚语做交流。

《母亲的谎言》*

[教材简析]

文中写母亲参加了儿子从小到大的三次家长会，并对儿子说了三次善意的谎言。正是母亲的谎言，让儿子有了前进的动力；正是母亲的谎言，让儿子看到了自己的进步；正是母亲的谎言，让儿子最终获得了成功。从文中，我们可以感受到母亲在教育自己儿子时的用心良苦。她从未对自己的儿子失望过，而是给了儿子更多的信心，对儿子始终抱着希望，正是这期望，让儿

---

* 本课标题后改为《母亲的鼓励》。

附录

子终于学有所成。

【教学目标】

1. 结合课文自己学习文中的生字、新词；

2. 有感情地朗读课文，能概括课文的主要内容；

3. 读读母亲对儿子说的谎话，细细感受，了解母亲三次说谎的用意，体会母亲教育儿子的一番用心良苦。

【教学建议】

1. 可以从"谎言"这个词语入手。在现实生活中，让学生谈谈"谎言"，然后再引入课文中的"谎言"，让学生能正确地理解课文所要表达的内容。

2. 指导学生读通课文，体会母亲在参加家长会时的心理——在听到老师对她儿子的评价时，她的心情又是怎样的？朗读能帮助学生更好地理解文中的"母亲"。

3. 重点指导学生在朗读中体验情感，让学生细细读读母亲的三次谎言，在读懂后让学生议议母亲每一次谎言的用意，看看每一次谎言对儿子起了什么样的作用。

上幼儿园时，母亲告诉孩子："老师表扬你了，说宝宝原来在板凳上坐不了一分钟，现在能坐三分钟了。别的孩子妈妈都非常羡慕你的妈妈，因为全班只有宝宝进步了。"这番话对儿子是莫大的鼓励，从儿子"破天荒吃了两碗饭"的行动中，就可以看出，母亲的谎言让儿子有多高兴。

上小学时，儿子的成绩并不理想，当母亲告诉儿子"老师对你充满了信心"时，儿子沮丧的脸一下子舒展开了，他真的树立了自信，以同桌的 21 名作为自己努力的新方向。

初中毕业前夕，母亲那句"班主任对你非常满意，只要你努力，很有希望考上高中"让儿子得到了肯定，更看到了希望，并愿意为此付出更大的努力。

在教学中，让学生去感受母亲每一次谎言背后的意义，体验儿子一点一点进步的愉悦心情。让学生深刻地体会到正是在母亲的谎言中，儿子进步着，成长着。

《半截蜡烛》

【教学要点】

1. 正确流利地朗读课文。

2. 了解故事发生的历史背景，加深对课文内容的理解。

3. 能通过朗读，体会人物心情的变化。

4. 了解对环境、气氛的渲染能突出人物的形象，刻画人物的性格。

【教学建议】

1. 课文共 7 小节。第一、二小节简介了故事发生的时代背景、人物，并对故事的具体展开埋下伏笔，作了铺垫。第三至第七小节对"一天晚上"围绕"半截蜡烛"展开了一个令人惊心动魄、扣人心弦的故事。

2. 可在布置预习时，请学生收集有关第二次世界大战的相关资料。回顾历史，了解故事发生的时代背景，有利于加深理解课文内容和对不同人物的性格特征的刻画。

3. "半截蜡烛"是串起全文的一根线索，它的"点燃—吹熄—再点燃—熄灭"，关系到藏在蜡烛中的情报，关系到伯诺德夫人一家三口的性命，更关系到千千万万法国人民的生死存亡——教学时，应始终围绕这根主干，步步为营，逐步展开。

4. 本文语言精练，情节紧张，一波三折，扣人心弦，充满戏剧冲突。对于高年级的学生来讲，用心品读，并通过朗读技巧的展现来理解尤为重要。通过朗读，使学生能用简洁的语言概括母子三人为保护绝密情报所采取的具体行动及行动结果。通过朗读，使当时那戏剧性的场面再现，"一波未平，一波又起"，犹如箭在弦上，一触即发。而通过联想——假如你是伯诺德夫人，或大儿子杰克或小女儿杰奎琳，此时此刻，你会想些什么，使学生感同身受，激发无限想象的空间，加深对不同人物性格的理解。

5. 另一方面，对照母子三人的表现和感受，德国军官的蛮横、狡猾和多疑，无异于一个随时要爆炸的地雷，隐藏着腾腾杀机。请学生通过找出德国军官动作、语言的描写，朗读并体会当时的险象环生，形势险恶。

附录

6.直到课文最后一句话："正当她踏上最后一级楼梯时，蜡烛熄灭了。"读者那悬到嗓子眼的一颗心终于才着了地。峰回路转，化险为夷，伯诺德夫人一家三口侥幸躲过一劫。请学生找原因时，教师不必拘泥于统一标准答案，可以让学生广开思路，畅所欲言。小女儿的急中生智也好，命运之神的垂怜保佑也好，德国军官的麻痹大意也好，或者说残存的一点人性也罢——相信通过学生思想火花的积极碰撞，能开拓思路，引起诸多的反思。

《我的老师》

【教材简析】

《我的老师》忆写儿时一位很特殊的历史老师——刘老师。刘老师只有一条右腿却有着坚强的意志。文章用质朴而真情的语言，介绍老师幽默的个性、极好的专业素养和强烈的爱国心。叙事和写人当中饱含作者的真情，表现出刘老师的温柔善教、热爱学生，抒发了作者热爱、思念刘老师的情怀，表现了师生间的深挚感情，颇为生动，具有感染力量。文章从字面上看并不难懂，但作者流露于笔端的感情不易把握。教学中要抓住关键词、句的分析，以帮助学生理解作者的思想感情。

【教学目标】

1.结合课文学习理解词语：酸涩、慷慨陈词、屈辱等。

2.理解"教室里自然爆发出一片笑声，但笑过之后，每个学生的心头都飘起一股酸涩的感情，同时更增加了对刘老师的尊敬"等含义深刻的句子。

3.把握文章的主题，体会师生之间浓浓的情谊。

【教学建议】

1.在整体感知课文的基础上，学习归纳文章各自然段的主要意思。

（1）第一段：交代老师姓刘，所教学科是历史。

（2）第二段：写刘老师用幽默的语言介绍自己的残疾。

（3）第三段：写刘老师那特殊的肢体语言，深深感染着他的学生们。

（4）第四段：写刘老师课讲得好，文化底蕴深，具有强烈的爱国热情。

（5）第五段：通过口试情景的描写，具体介绍刘老师对学生的关切。

2. 在学习中，要特别重视品读。可以在归纳主要意思的基础上，从四个层面体会文章主题：一是幽默自嘲的性格，营造的民主宽松的学习氛围；二是特殊的肢体语言中透出的坚强；三是刘老师的课极有魅力，感染着学生；最后是刘老师的温柔善教、热爱学生。

3. 理解含义深刻的句子是本课学习的一个难点。教学中，可以结合句子，结合文章先理解关键词的意思，再品味句义。如"教室里自然爆发出一片笑声，但笑声之后，每个学生的心头都飘起一股酸涩的感情，同时更增加了对刘老师的尊敬"一句，有几个关键词语必须弄懂。（1）"笑"写出刘老师自嘲带来的幽默，表明师生关系和谐融洽。（2）"酸涩的感情"是一种难以言表的真情，从中可以看出学生对刘老师残疾的同情和隐隐的酸楚。（3）"尊敬"在这里是由内而外的，发自学生们内心深处的，可以说，刘老师的个性已经征服了孩子们的心。此时，体会句子中表达的真情实感，最好的方法是朗读，用心去体会，用声音来表达。有感情地朗读，是突破这一难点的最佳方法。

4. 写刘老师课堂提问一段中，"……他便静静地伫立在教师的一角，微仰着头，眯起眼睛，细细地听，仿佛在欣赏一首美妙的乐曲。……他就吃惊地瞪大眼睛，关切地瞧着同学……这时候，他比被考的同学还要紧张"。这些描写，多么逼真地再现了刘老师提问的情景。

无声的动作，静态的描写，浓浓的情意胜过千言万语。一个鲜活的刘老师的形象肯定出现在同学们面前，师生之情也因此推向高潮。学习这段，可以通过抓富有特色的表示神态、动作的词语，来品读，也可以模仿着演一演，再练练笔等。

《莫泊桑拜师》

【教材简析】

《莫泊桑拜师》一文篇幅不长，主要记叙莫泊桑初学写作的时候，拜作家福楼拜为师的故事。文章以时间为序，叙事条理清晰，主要通过对话的形式，写莫泊桑虚心求教，福楼拜耐心施教的过程。随着文章的展开，福楼拜对莫泊桑的教导也由浅入深，渐入佳境。同时表达了只有仔细观察，用心揣摩，广积素材才能写出有特色的作品的观点。莫泊桑日后在创作上巨大的成就证明，这些基本功是写作成功的诀窍。

【教学目标】

1. 结合课文学习理解词语：孜孜不倦、直截了当、万般无奈、富丽堂皇、简陋、吆喝、滔滔不绝等。

2. 认真阅读文中福楼拜的话，并加以理解，体悟坚持不懈、体察入微、精心提炼和准确使用语言是写作成功的真谛。

【教学建议】

1. 在通读课文整体感知的基础上，区别莫泊桑和福楼拜的对话语言，通过分角色朗读，体会莫泊桑的虚心好学，福楼拜的耐心中肯。然后，对文中出现的福楼拜的话，认真朗读，仔细品味。通过朗读、比较、揣摩，体会写作技巧。

2. 福楼拜的话是文章的华彩部分，教学时十分关键。这些话有的简明扼要，直截了当；有的娓娓道来，含义深刻。教学时，要有的放矢，区别对待。如：

（1）"这个问题很简单，是你的功夫还不到家。"福楼拜一针见血地回答了莫泊桑"为什么写出来的文章总感到不生动"的原因。

（2）"这就是要肯吃苦，勤练习。你家门前不是天天都有马车经过吗？你就站在门口，把每天看到的情况，都详详细细地记录下来，而且要长期记下去。"学习概括，福楼拜阐述他对"功夫到家"的理解，一是要仔细观察，二是要坚持不懈。

（3）"不，不不！怎么能说没有东西好写呢？那富丽堂皇的马车，跟装饰简陋的马车是一样的走法吗？烈日炎炎下的马车是怎样走的？狂风暴雨中的马车是怎样走的？车上坡时马怎样用力？车下坡时，赶车人怎么吆喝？他的表情是怎么样的？这一些你都能写清楚吗？你看，怎么会没有什么好写的呢？"一个接一个问题，使能言善辩的福楼拜，不仅在莫泊桑的脑海里打下了深深的烙印，也给读者留下了无尽的回味。读好这连续的九个问句对理解这段话显得尤为重要。努力读出反问句反问的语气，读出疑问句疑问的语气。体会福楼拜对莫泊桑的循循善诱、实实在在的引导。

（4）在学习文章最后一节中福楼拜的两段话"这些作品表明你有了进步。但青年人贵在坚持，才气就是坚持写作的结果。对你所要写的东西，光仔细观察还不够，还要能发现别人没有发现和没有写过的特点。如你要描写一堆篝火或一株绿树，就要努力去发现它们和其他的篝火、其他的树木不同的地方"和"你发现了这些特点，就要善于把它们写下来。今后，当你走进一个工厂的时候，就描写这个厂的守门人，用画家的那种手法把守门人的身材、姿态、面貌、衣着及全部精神、本质都表现出来，让我看了以后，不至于把他同农民、马车夫或其他任何守门人混同起来"时，可以补充以下一段福楼拜的话。福楼拜教导莫泊桑说："我们无论描写什么事物，要说明它，只有一个名词；要赋予它运动，只要一个动词；要区别它的性质，只有一个形容词。我们必须不断地推敲，直到获得这个名词、动词、形容词为止。不能老是满足于差不多，不能逃避困难，用类似的语句去敷衍了事。"将两段话进行比较，体会福楼拜倡导的运用语言要准确，要精练。这段文字也就是世界文学史上闻名的所谓"一语说"的来源。

【参考资料】

1. 莫泊桑简介

居伊·德·莫泊桑（1850～1893）是19世纪后半期法国最杰出的批判现实主义作者之一。莫泊桑是法国十九世纪著名的小说家，曾被誉为短篇小说大王。1850年他出身于法国诺曼底的一个没落贵族家庭。中学毕业后，普法战争爆发，他应征入伍，两年的兵营生活使他认识了战争的残酷，祖国的危难启发了他的爱国思想。战争结束后，他到了巴黎，先后在海军部和教育部任小职员，同时开始了文学创作。1880年完成了《羊脂球》的创作，轰动了法国文坛。他勤奋地创作了一生，由于过度劳累得了精神错乱症，后来被送进巴黎的一家疯人院。1893年7月6日莫泊桑逝世，年仅43岁。

2. 福楼拜简介

福楼拜（1821 ~ 1880），法国作家。他的父亲是鲁昂市立医院院长兼外科主任。福楼拜的幼年是在医院里度过的。青年时在巴黎学法律，23 岁时因病中断学习。父亲在 1844 年去世，留下田产。福楼拜之所以能有相当安定的写作生涯，显然是依靠他的地主收入。他细心地考虑科学对文学的影响，深刻地领会巴尔扎克的成就，借鉴其中的得失。福楼拜终生过着独身生活，曾教养过晚辈作家莫泊桑。

福楼拜于 1857 年发表第一部小说《包法利夫人》时，已经 35 岁。他用了将近 5 年的时间推敲每一个字句。《包法利夫人》受到评论家与读者的普遍的赞美。

3. 莫泊桑的三位老师

母亲：从童年时代起，母亲就培养他写诗。当他成为著名作家时，她仍然是莫泊桑的文学顾问、批评者和助手，因此他的母亲是他走上文学创作道路的第一位老师。

路易·布耶：另一位为莫泊桑走上文学道路打下基础的是他 13 岁在卢昂中学学习时的文学教师路易·布耶。路易·布耶是一个著名的巴那派诗人，他经常指导莫泊桑进行多种体裁的文学创作。

福楼拜：1878 年，莫泊桑在教育部工作之余开始从事写作，大文学家福楼拜成为莫泊桑文学上的导师，他们两人结下了亲如父子的师徒关系。福楼拜决心把自己创作的经验传授给莫泊桑。莫泊桑非常尊重严师的教诲，每篇习作都要送给福楼拜审阅。福楼拜一丝不苟地为他修改习作，对莫泊桑的不少作品表示赞赏。

《养花》

【教材分析】

《养花》这篇课文详细记叙了老舍在养花劳动中的苦与乐，充分表达了老舍对劳动的热爱。读后使人们对劳动中的甜酸苦辣有了深刻体会。文中有这样一句富有哲理的话："不劳动，连棵花也养不活。这难道不是真理吗？"充分揭示了为人做事的真理：只有劳动，才能创造美好的生活。

从文章结构来看，全文以"乐趣"为主线，先概括地说明"我"爱花、爱养花，把养花当作一种乐趣；再分述养花有哪些乐趣；最后总结点明中心。层次清晰，过渡自然，叙事抒情结合，偶发议论。

【教学目标】

1. 理解生字新词。

2. 有感情地朗读课文，背诵喜欢的自然段。

3. 使学生体会到养花既是劳动，又长见识，能给人们带来乐趣。

4. 能从课文中找出点明中心的句子，并了解课文是从哪几方面表现中心的。

5. 选择一种你喜欢的花草写一个片段，要写出它的特点和喜爱的原因。

【教学建议】

1. 本课要让学生结合课文内容理解词义，不能脱离教材实际，在理解词义的过程中划出不理解的词。如"秉烛夜游"中的"秉"是拿的意思，词语的意思是举着灯烛在夜间游赏；"赠给"是无代价地送给。

2. 帮助学生理解文章结构。可先让学生分段读课文，读后说出段意。如：为什么养花、养什么花、养花要摸门道、养花有益身心、养花使人喜悦、养花使人伤心、养花的乐趣，从而真正体会文章过渡自然，叙事抒情结合以及先概括后分述的写作手法。

3. 体会老舍爷爷养花的感受。可先让学生自读第 1 和第 2 自然段并思考：这两段主要告诉我们什么？然后得出结论：只养一些好种易活，自己能奋斗的花。继而深入思考：为什么只养好种易活，自己能奋斗的花？从而揭示老舍先生的性格，对花草提出了一个内在的标准：不追求外行大小、色香，要自己奋斗。老舍的一生就是这样勤勉的一生。

【参考资料】

1. 老舍简介

老舍（1899.2.3 ~ 1966.8.24）原名舒庆春，满族人，生于北京。父亲是一名满族护军，阵亡在八国联军攻打北京城的炮火中。母亲也是旗人，靠替人洗衣裳做活计维持一家人的生活。

1918 年夏天，老舍以优秀的成绩由北京师范学校毕业，被派到北京第十七小学去当校长。1924 年夏应聘到英国伦敦大学东方学院当中文讲师。在英期间开始文学创作。长篇小说《老张的哲学》是第一部作品，1926 年 7 月起在《小说月报》杂志连载，立刻震动文坛。以后陆续发表了长篇小说《赵子曰》和《二马》，奠定了作为新文学开拓者之一的地位。

1930 年老舍回国后，先后在齐鲁大学和山东大学任教授。这个时期创作了《猫城记》《离婚》《骆驼祥子》等长篇小说。1944 年开始，创作了近百万字的长篇巨著《四世同堂》。

他担任全国文联和全国作协副主席，是全国人大代表和全国政协常委。1966 年"文革"中不堪凌辱投湖自尽。

2. 老舍与《养花》

本文是我国现代著名作家老舍先生 1956 年 12 月 12 日发表在《文汇报》上的一篇散文。

老舍养花，是从 33 岁结婚组织家庭开始的。新中国成立以后，自己有了固定的住所，兴趣就更大了。老舍先生特别爱养菊花，经常与爱养花的朋友互相交谈，养花的品种达到 100 多种。大风、暴雨来临，全家就抢救花草。到了群花盛开的时候，老舍先生总是邀请好友前来饮酒、赏花，他觉得这是非常有趣的事。

【重点和难点】

1. 知道课文所要表达的中心以及养花带来的乐趣，并了解课文是从哪几个方面来表现中心的。

2. 学习课文的写法，选择一种你喜欢的花草写一个片段。

【教学过程】

1. 导入新课

谈话引出课题：你喜欢养花吗？谁能说说养花有什么好处？我们看文中

老舍先生是怎样看待养花的?

板书:9 养花

2. 自学课文

(1) 轻声朗读课文, 要求:

①按生字表读准字音, 记清字形, 结合课文理解词义。

②读通课文, 标好自然段序号, 划出不理解的词句。

③边读边思考文章主要内容。

(2) 全班交流:

①读准下列词语

大雨倾盆 置之不理 三年五载 有益身心 秉烛夜游

②联系上下文理解词义

三年五载 (说一句话理解)

秉烛夜游 (换词理解)

赠给 (理解无代价地给予)

③采用自愿选择的方法, 分节朗读课文

3. 读课文 1—4 小节

(1) 读第 1 自然段, 想想老舍为什么养花?

板书:当作乐趣

(2) 读第 2 节, 思考:什么叫 "奇花异草"? 为什么只养好种易活, 自己能奋斗的花?

不追求外形大小, 色香, 要自己奋斗。老舍的一生就是勤勉奋斗的一生。

(3) 找出 1、2 自然段的过渡句。说出养花的乐趣是什么?

板书:勤勉奋斗

(4) 用一句话归纳作者在养花中得到了什么? 为什么养花能得到知识?

(5) 作者的收获给了我们怎样的启示?

(只有按规律办事, 花才能养活。只有在实践中总结经验, 才能摸到门道, 增长知识。)

（6）指导背诵第4自然段。

板书：付出劳动　有益身心

4. 讲读5—6自然段

（1）轻读，思考：养花的乐趣是什么？板书：有喜有忧

（2）"喜悦"是乐趣，那么"忧"也算乐趣吗？

（养花有喜有忧，生活中有成功也有失败，这样才是有趣的人生，无忧只有喜，生活平淡无味，而人生的意义就在于奋斗。）

（3）练习背诵

5. 讲读第七自然段

（1）齐读，说说这段在全文中的作用，它与前面儿段有什么关系？（分总）与第一节有什么关系？（照应）

（2）有感情地朗读第7自然段并试背一下。

（3）总结全文：读了《养花》后，你对老舍有什么了解？（热爱生活、热爱劳动、探求知识、积极奋斗。）

6. 作业

（1）背诵课文最后四个自然段。

（2）学习课文写法，选一种你喜欢的花草写一个片段，要写出它的特点和你为什么喜欢它。